SZKOŁA
NA WIDELCU

NAJLEPSZE PRZEPISY DLA CAŁEJ RODZINY

GRZEGORZ ŁAPANOWSKI
MAIA SOBCZAK

publicat
WYDAWNICTWO

Fotografie:
Krzysztof Kozanowski – s. 6-7, 9, 10, 12, 26, 29, 31, 32, 34, 39, 43, 45, 46, 70-71, 94, 100-101, 113, 121, 154-155, 200, 201
Natalia Szafrańska – s. 50-51, 90-91, 114-115, 130, 172-173, 210-211, 225
Maia Sobczak – s. 40, 53, 63, 69, 72-73, 75, 84, 93, 105, 109, 117, 133, 134, 137, 138, 142, 145, 149, 150-151, 162, 165, 174, 175, 178, 179, 185, 186, 188, 189, 190, 193, 207, 209, 221, 222, 226, 228, 229
Kamil Zieliński – s. 54, 57, 58, 61, 65, 76, 78, 79, 83, 87, 88, 89, 96, 97, 98, 103, 106-107, 118, 124-125, 129, 141, 146, 147, 153, 157, 158, 167, 168, 171, 180, 194, 197, 213, 215, 216, 231
Joanna Ogórek – s. 66, 80, 110, 161, 177, 199
Małgorzata Opała – s. 202
Mateusz Nasternak – s. 13
Fotografie na okładce: Grzegorza Łapanowskiego – Krzysztof Kozanowski, Mai Sobczak – Mateusz Nasternak

Tekst:
Katarzyna Grzelecka – s. 28-29, 32-37, 40-44
Grzegorz Łapanowski – s. 6-7, 14-27, 30-31, 48-49, 55-56, 59-60, 62, 67, 77, 81-82, 88, 92, 95-96, 106-107, 111-112, 119-120, 122-123, 126, 128, 131, 140, 144-146, 148, 152, 156, 159-160, 163-164, 166-167, 169-170, 176, 181-183, 195-196, 203-205, 212, 214, 217-219, 224, 228, 230
Maia Sobczak – s. 8-13, 38-39, 46-47, 52, 62, 68, 72-74, 78, 85-87, 99, 102, 104, 108, 116, 127, 132, 135-136, 139, 143, 174, 178, 184, 187-188, 191-192, 198-199, 206, 208, 220, 223, 227

Redakcja – Marzenna Plewa-Dziurdzia
Korekta – DruMag
Projekt graficzny wnętrza oraz realizacja komputerowa projektu – GRAJCZAK STUDIO
Projekt okładki – Hanna Polkowska
Realizacja komputerowa okładki – Michał Pańczak
Edycja materiału fotograficznego – Marek Nitschke, Michał Pańczak

ISBN 978-83-245-2076-3

publicat WYDAWNICTWO

jest znakiem towarowym Publicat S.A.

Publicat S.A.
61-003 Poznań, ul. Chlebowa 24
tel. 61 652 92 52, fax 61 652 92 00
e-mail: publicat@publicat.pl
www.publicat.pl

II ŚNIADANIA

OBIADY

PRZEKĄSKI/DESERY

KOLACJE

Wstęp

Szkoła na widelcu. Najlepsze przepisy dla całej rodziny to książka o marzeniach. Tych niespełnionych i tych czekających na realizację. Tych na wyciągnięcie ręki. Dla mnie marzenia są jak zadania do wykonania. Potrzebna jest inspiracja, motywacja, wiedza i działanie.

Zamknij oczy, puść wodze fantazji. Wyobraź sobie, czego chcesz najbardziej. Dla wielu z nas tymi nadrzędnymi wartościami są zdrowie, rodzina i szczęście; ważnym składnikiem tych wartości jest prawdziwe jedzenie i piękny stół. Marzenia są bliższe, niż mogłoby się wydawać. Często są w zasięgu ręki. Nawet jeśli wymagają wysiłku, to tym więcej dają nam satysfakcji, gdy uda się je spełnić. Ta książka jest jak marzenie o zdrowej i dobrej kuchni. Dla Was i całej rodziny.

Oddycham jedzeniem. Obcuję z nim, doświadczam każdego dnia. Chcę być blisko, dotykać, mieć z nim kontakt tak jak z ludźmi, którzy je tworzą. To esencja mojego życia i jego sens.

To do pewnego stopnia skrajność, ale w pewnym stopniu to coś, co łączy mnie z Tobą i z każdym innym człowiekiem na świecie. To coś, co daje nam życie i coś, co możemy dać drugiemu. Coś, czym można i warto się dzielić. Coś, co zasługuje na uwagę i staranność. To też rodzaj języka, którym możemy wyrażać miłość do ludzi i otaczającego świata. W tym języku możemy wyrażać dobro, pokorę, szacunek i inne wartości, które są dla nas ważne.

Dzieci i jedzenie mają wiele wspólnego. Mogą być spontaniczne i wesołe. Kolorowe, wrażliwe i delikatne. Warto o nie dbać.

To jedna, jedyna chyba rzecz, która tak głęboko w nie wnika. Tak jak słowa i oddech, bardziej niż dotyk. Jedzenie może i powinno być wyrazem miłości. Ta książka jest właśnie o tym. W pewnej mierze jest też o intencjach i w pewnej mierze będzie książką niedokończoną zawsze, bo dokończysz ją Ty. Kiedy ją przeczytasz, uwierzysz i podzielisz się nią z bliskimi. To może być początek niezwykłej przygody. O miłości i jedzeniu. O bliskości i dawaniu. O poszukiwaniu i ciągłym doskonaleniu siebie i naszych relacji ze światem, który nas otacza. O tym, czy tak właśnie się stanie, zdecydujesz Ty.

By dać Ci to, co najlepsze, do pracy nad tą książką zaprosiłem ekspertów – dwie kobiety, które na jedzenie patrzą z perspektywy zdrowia. Maia jest dietetykiem holistycznym, a Kasia – specjalistą od żywienia. Zależało nam na tym, by stworzyć kompletne kompendium. Przystępne i użyteczne. W pierwszej części postawiliśmy na aspekty teoretyczne, czyli wszystko to, co wiedzieć trzeba o tym, co, gdzie i jak kupić, a także jak gotować i jeść, by było zdrowo. W drugiej części zawarliśmy kilkadziesiąt przepisów, które mogą być punktem wyjścia dalszych eksperymentów i Twojej interpretacji. Przepisów nie musisz traktować z aptekarską dokładnością. Jeśli lubisz natkę pietruszki i wolisz ją od kolendry, dostosuj przepis do swoich upodobań.

Pamiętaj o jednym: najważniejszą przyprawą zawsze jest serce, które wkładasz w gotowanie.

Rozdział 1 Czym jest dobre jedzenie?

Definicji dobrego jedzenia może być tak wiele, jak wiele sposobów pojmowania słowa „dobre". W dobrym jedzeniu chodzi w zasadzie o smak i wygląd, ale czy na pewno tak powinno być...

Dla mnie „dobre" oznacza między innymi przyjazne, coś, co pomaga, jest przyjemne, pożądane, słuszne, właściwe, staranne, smaczne, ale także korzystne, ładne, uczciwe, szczęśliwe, fachowe, oznacza budujące, wspierające, czyli po prostu – zdrowe.

Patrząc na jedzenie, myślę na początku o jego działaniu na organizm, o energii i przekazie, które niesie ze sobą, a dopiero później o smaku i wyglądzie. Wszystkie te funkcje są nierozerwalne, a podana kolejność – kluczowa.

Wszyscy jesteśmy organicznie związani z jedzeniem od początku swego życia – od bezpiecznego łona matki, przez jej ramiona, po tętniącą białą przyjemnością pierś. Kilka razy dziennie w ufności pozwalamy, by jedzenie łączyło się z nami, wnikało do komórek, tkanek, po prostu naturalnie działało. Warto być wybrednym, przebierać i wybierać to coś, z czym się scalimy, co stworzy z nami jedność. Jakie jest nasze jedzenie, takie mamy samopoczucie i myśli.

Nie wszyscy wiedzą, że każdy smak działa na nas zdecydowanie odmiennie.

Słodki buduje, widać to po zamiłowaniu dzieciaków do wszelkich słodkości, ale też nawilża, rozluźnia napięcia, relaksuje – zupełnie jak mleko matki. Zbyt dużo tego smaku osłabia, śluzuje, powoduje ociężałość i podatność na infekcje.

Kwaśny z kolei przytrzymuje, buduje w ciele płyny, jest idealny na upały, gasi pragnienie, ale też, co jest bardzo ważne, utrzymuje zarodek w łonie matki.

Gorzki kieruje energię w dół, pozwala trawić i wydalać, ale też ostrzega przed tym, co jest trujące.

Ostry rozprzestrzenia, wyrzuca na zewnątrz – zupełnie jak imbir w naparze na przeziębienie, który ma za zadanie wyprosić z organizmu patogen.

Słony skupia, przytrzymuje, ale też rozpuszcza stare i niepotrzebne złogi.

Wszystkie te smaki są dostępne w naturze, w różnych odsłonach i pojawiają się wtedy, gdy ich najbardziej potrzebujemy. Soczyste owoce cieszą nas upalnym latem, a przyprawy i gęste zupy z warzyw korzeniowych wzmacniają zimą. Słodki jest nie tylko cukier, ale też owoce czy zboża. Wyłącznie od nas zależy, z czego korzystamy, po co sięgamy. Wybierajmy mądrze, odpowiedzialnie, życie mamy tylko jedno.
Grunt to otworzyć się na jedzenie, na gotowanie, dobrze bawić się w kuchni, a potem świetnie się czuć.

Wszystkie smaki są cenne, stanowią podstawę zdrowia, uzupełniając się wzajemnie, ale najlepiej, aby pozostawały w równowadze, stosowane w umiarkowanych ilościach. Zupełnie jak w życiu, jeśli czegoś jest za dużo, pojawia się przesyt, przeradzający się czasem w patologię.

Znając te zasady, możemy mądrze wspierać się, żonglując na co dzień smakami, w zależności od stanu, w jakim aktualnie się znajdujemy, od pory dnia czy roku.

Zdrowe i dobre jest wszystko, co naturalne, najczystsze, świeże, sezonowe, powstałe bez niepotrzebnej ingerencji człowieka czy chemii.

Natura potrafi bronić się sama, wytwarza własny system obronny przed pasożytami, grzybami i innymi drobnoustrojami. Jedząc w zgodzie z naturalnym rytmem, dostajemy coś, czego nie dadzą nam żadne leki i suplementy – naturalną odporność, ochronę przed wieloma chorobami, nawet przed nowotworami. Skutki uboczne są, nie można ich ukrywać. Zaliczam do nich między innymi: dobre samopoczucie, radość, lekkość, pozytywną energię, zdrowe ciało i otwartą, bystrą głowę. Czy można chcieć więcej za tak niewiele?

Ekologiczna marchewka i kasza jaglana zdziałają cuda, będą naszą gwardią przyboczną, z zaangażowaniem i odwagą trzymającą straż. Wystarczy tylko dać im szansę, postawić na jakość, a nie na ilość, zgodnie ze złotą zasadą – mniej znaczy więcej.

Jedzenie jako lek lub trucizna | Rozdział 2

Wszystko, co żyje na Ziemi, zupełnie tak jak my, chce przetrwać i się rozmnażać. Taki jest cel istnienia na podstawowym poziomie. Jabłoń właśnie w tym celu rodzi owoce. Chce skusić tą soczystą formą przelatującego ptaka, przechodzącego konia czy człowieka do tego, by po nie sięgnął i zjadł. Ten łakomy odbiorca będzie nośnikiem pestki, która wydalona w innym miejscu pozwoli wyrosnąć nowemu drzewu. Dodatkowo, miąższ owocu jest słodki lub kwaśny – nawilżający, skórka zaś lekko gorzka. Ten gorzki smak kieruje nadmiar wilgoci w dół, dbając o usuwanie zbędnej nadwyżki. Naturalne, prawda?

Naturalne jest też to, że noworodek karmi się mlekiem matki, słodkim i odżywczym. Specjalnie dla niego wytworzone przez jej ciało, ze wszystkim, czego maluch w tym momencie potrzebuje i z czymś, czego nie da się sztucznie wyhodować – ze szczyptą miłości. I tu dochodzimy do sedna, jedzenie z miłością jest najcenniejsze, karmi na różnych poziomach, nie tylko fizycznym. Gotując dla kochanej osoby, wkładamy w to uwagę i serce, to właśnie dlatego jedzenie tak bosko smakuje, że nie można mu się oprzeć. Miłość jest najlepszą przyprawą.

Ten sam produkt może wspierać, być dla nas naturalnym lekiem lub trucizną. To, czym będzie, zależy od sposobu wyhodowania, przechowywania, miejsca, z którego pochodzi, klimatu, konsumowanej ilości, obróbki i połączenia z innymi produktami. Dodatkowo, w zależności od naszej konstytucji fizycznej (genów) i aktualnej kondycji pewne produkty są dla nas wskazane, a inne wręcz przeciwnie. Od naszej wiedzy, chęci i otwartości zależy, co znajdzie się w lodówce, koszu na warzywa i owoce, a finalnie – w nas. Co wybierzemy – lek czy truciznę?

Wszystko ma znaczenie, to szczera, choć bolesna prawda.

Hodowla przemysłowa, opryskiwanie, kąpanie w chemii, ostrzykiwanie, dosładzanie, przesalanie, sztuczne konserwowanie – to tylko niektóre praktyki związane z produkcją żywności. Jest jeszcze oczyszczanie ze wszystkiego, co cenne, by ostatecznie dodać sztuczne witaminy czy mikroelementy i zapakować najbardziej kolorowo, jak to tylko jest możliwe. Chwytliwe, łapiesz się na to sam, codziennie podtruwając siebie i swoją rodzinę. Chemią, przetworzoną przemysłowo żywnością, „gotowcami" z przedłużoną datą ważności, białą mąką, nadmiarem białka zwierzęcego – w tym również nabiału czy rafinowanym cukrem, z czułością karmisz grzybicę układu pokarmowego, zakwaszasz krew, obniżasz odporność, zapychasz żyły, dezorientujesz system immunologiczny, który z czasem, kompletnie zmieszany zaatakuje... ciebie.

Osłabiony układ pokarmowy przestaje prawidłowo trawić, zanieczyszczone jelita nie przyswajają cennych substancji odżywczych, które z kolei nie odżywiają wystarczająco tkanek. Mózg, serce, nerki, płuca i inne narządy potrzebują codziennej dawki tlenu i odżywienia, żeby mogły prawidłowo spełniać swoje zadania. Zmęczony, zakwaszony i zasłuzowany organizm jest osłabiony, bezbronny, otwarty na zewnętrzne, niepożądane działania i wpływy. Jest podenerwowany, zmaga się z nietolerancjami, niedożywiony, a jednocześnie przejedzony, agresywny lub ospały i wreszcie – nieszczęśliwy.

Dokładnie tak samo reagują znacznie podatniejsze na wpływy – ciała i psychika dzieci. Dzieci są czystsze, czytelniejsze i delikatniejsze zarazem. Znacznie szybciej widać u nich efekty błędów, to, jak jedzenie wpływa na ich wygląd i zachowanie. Od razu pokażą szorstkimi policzkami, wiecznie cieknącym z nosa katarem, wysypką w delikatniejszych miejscach, rozwolnieniem czy niegrzecznym zachowaniem. Dodatkowo dzieci dopiero się budują, więc potrzebują właściwego, zdrowego odżywiania. Nie żałujmy im pełnych, świeżych i wartościowych produktów. Nawet jeśli są droższe, to i tak ostatecznie wyjdą taniej niż wizyty u lekarzy, leki i nasze nieobecności w pracy. **To niesamowicie ważne – wszystko, co jedzą dzieci, powinno być możliwie jak najlepszej jakości, od tego bowiem będzie zależała ich przyszłość.**

Rozdział 3 My, rodzice, musimy jeść dobrze

Sami musimy stać się zmianą, do której dążymy w świecie.
Gandhi (1869-1948)

Jako rodzice stanowimy dla naszych maluchów wzorzec zachowania, płci, wszelkich nawyków – począwszy od rutyny dnia codziennego aż po styl i jakość kontaktów z otoczeniem. To od nas, przez naśladownictwo, dzieciaki uczą się wysławiania, kultury, formy spędzania wolnego czasu, wzajemnych stosunków w rodzinie i smakowania życia. Właśnie – smakowania.

Nie zgadzajmy się na bylejakość spędzanych wspólnie w rodzinie chwil, zachęcajmy do serdeczności, gościnności, wspólnego czytania i jedzenia. Dzieci bardzo chętnie uczestniczą w najbardziej prozaicznych obowiązkach domowych. Pomagają wkładać pranie do pralki, zamiatać, segregować śmieci, a w szczególności kochają pomagać w kuchni.

Mieszanie, krojenie, podawanie, podglądanie i oblizywanie jest dla nich bardzo pociągające. Wszelkie mycie, przelewanie, odmierzanie jest świetną zabawą – może początkowo trochę brudną i chaotyczną, ale żeby coś stworzyć, trzeba najpierw nabałaganić. Własnoręcznie przygotowane pasty na kanapki smakują o niebo lepiej niż te gotowe, sklepowe czy z puszki. Eksperymentowanie z teksturami, kolorami i produktami buduje poczucie smaku i świadomość kulinarną. Dzięki temu wiadomo, jak wyglądają i smakują marchewka, ziemniak, pieczone jabłko, kalafior, cieciorka czy kasza, że są różne jej rodzaje i która z nich jest właśnie tą ulubioną.

Ciekawe jest pokazywanie różnic, opowiadanie o jedzeniu, wspólne kupowanie u zaprzyjaźnionych dostawców, może nawet wycieczki po polach i samodzielnie zebrane plony. Dzieci lubią samodzielność, a my dajemy im decydować, patrząc, jak to je buduje, wzmacnia w nich poczucie przynależności i własnej wartości. Poza tym, to fajnie wiedzieć, skąd pochodzą produkty, które zjadamy. Utożsamiać je z osobą, która o nie dba, wkłada wysiłek w swoją pracę i co najważniejsze – serce.

Te wspólne chwile, jakże integrujące, pokazują, że jedzenie jest ciekawe, ważne, poświęca mu się dużo uwagi i staranności.

Jakość i pochodzenie produktu mają niebagatelne znaczenie, a to, co jemy my, rodzice, będą chciały jeść nasze dzieci – jeśli nasze nawyki żywieniowe pozostawiają wiele do życzenia, zmieńmy je najpierw dla swojego dobra, a potem dla dzieci. Bycie rodzicem zmienia na zawsze perspektywę. Moim zdaniem – na lepszą.

Rozdział 4 Idziemy na zakupy!

Od czego zaczyna się sukces kulinarny kucharza? Każdy odpowie wam bez wahania: od kursu towaroznawstwa. Brzmi trochę dziwnie, bo słowo jest bardzo oficjalne, ale przecież o to właśnie chodzi, żeby spośród setek różnych towarów umieć wybrać te wysokiej jakości, świeże, najsmaczniejsze i, oczywiście, najzdrowsze. Znam szefów kuchni, którzy twierdzą, że dobrze zrobione zakupy, to 65% sukcesu ich firmy, inni szacują – że aż 80%. Oczywiście tego nie da się policzyć precyzyjnie i nawet nie ma po co, ale wynika z tego jedno – właściwie wybrane produkty to podstawa dobrej kuchni. I to nie tylko tej profesjonalnej, działającej w hotelu czy restauracji, ale także i tej w zaciszu naszych domów. Jeśli chcemy jeść smacznie i zdrowo, wcale nie musimy wydać fortuny, za to na pewno musimy nauczyć się robić zakupy. I, zapewniam, jest to taka sama przygoda i doświadczenie, jak gotowanie!

Na pewno pomoże wam kilka prostych zasad:

1) Na zakupy idziemy z listą

We wszystkim ważny jest plan, także przed pójściem do supermarketu. Trzeba starannie przemyśleć, ile czego nam potrzeba, a potem nie dawać się zwieść promocjom czy chwilowym zachciankom, tylko konsekwentnie trzymać tego, co mam zapisane na kartce. Takie podejście ograniczy marnowanie żywności – badania pokazują, że 1/3 produktów, krtóre kupujemy i dźwigamy w siatkach do domu, ląduje w koszu.

UWAGA: produkty sezonowe, które powinny być najważniejszą częścią naszego jadłospisu, trzeba kupować w mniejszych porcjach, za to częściej – żeby zawsze były świeże.

2) Wiemy, ile zjadamy, i nie kupujemy za dużo

Warto się nauczyć szacować wielkość porcji. Oczywiście dziecko, kobieta w ciąży czy sportowiec jedzą inaczej, dlatego trudno powiedzieć, że np. zawsze potrzeba nam 200 g kaszy na osobę. Jednak taką uniwersalną miarą, którą możemy się posługiwać, jest objętość dłoni – garść to jest tyle, ile człowiek zje na jedno posiedzenie. Przy odrobinie wprawy nauczymy się właściwie określać możliwości naszych żołądków i nie kupować za dużo. Prawda jest bowiem taka, że mnóstwo jedzenia trafia na śmieci: po każdych świętach statystyczna polska rodzina wyrzuca produkty o wartości 200 zł! Nie znaczy to jednak, iż jemy za mało. Zdecydowanie jesteśmy pokoleniem, które je zbyt dużo, czego potwierdzeniem są liczby obrazujące procent osób z nadwagą i otyłością. A więc za dużo jemy, a jeszcze więcej kupujemy...

3) Wybierajmy dobre miejsce zakupowe

Jestem entuzjastą zakupów na targach czy bazarach, gdzie można kupić produkty bezpośrednio od rolnika, zwykle za mniejsze pieniądze niż w sklepie. Popieram małych, lokalnych wytwórców, którzy do swojej pracy podchodzą z sercem i starannością, z którymi można się nawet zaprzyjaźnić. Ale i supermarket daje nam przecież wybór: możemy sięgnąć po produkty sezonowe albo po mrożonki lub przetwory.

4) Bądźmy świadomi pułapek

Jeśli wybieramy się na zakupy z dzieckiem, to jest więcej niż pewne, że wpadnie ono w pułapkę zastawioną przez handlowców i z całych sił zacznie nas namawiać na kupno chipsów albo innych niezdrowych rzeczy. Rozważmy, czy chcemy narażać się na jego presję, czy może lepiej tak zorganizować wyprawę na zakupy, żeby malec został w domu z babcią lub drugim rodzicem. Bycie twardą lub twardym jak skała bardzo przydaje się w sklepie, gdyż i na nas, dorosłych, zastawia się mnóstwo pułapek, podsuwając liczne promocje, piękne opakowania, relaksującą muzykę, a nawet rozpylając specjalne perfumy, które mają nas zachęcić do wielkich (często niepotrzebnych) zakupów. Co innego zabrać dziecko na targ czy bazarek, choćby na spacer. Tam w większości będą nas otaczać świeże produkty (owoce, warzywa, zioła) i wesoły gwar. Dziecko samo będzie mogło pogawędzić z rolnikami i wybrać sobie owoce i warzywa. To na pewno wpłynie na to, że chętnie je później zje.

ABC etykiety, czyli jak czytać informacje na opakowaniu

• Nazwa handlowa oraz nazwa produktu

Ta pierwsza jest „radosną twórczością" specjalistów od marketingu, czyli określeniem, słowem, które wymyślono dla danego produktu. Druga zaś opisuje dokładnie, co to jest. Przykładowo, nazwa handlowa mogłaby brzmieć: „Aksamitna", a nazwa produktu – kawa mielona.

• Lista składników

Najważniejsze dla konsumenta jest to, że pojawiają się one w konkretnej kolejności: od tego, którego jest najwięcej, do tego, którego jest najmniej. Przykładowo, jeżeli mamy kiełbasę reklamowaną jako drobiowa, a na liście składników na pierwszym miejscu występuje mięso wieprzowe, oznacza to, że dodatek mięsa drobiowego do wyrobu jest znacznie mniejszy, niż wskazuje jego nazwa. Czasami producent podaje także dodatkową informację o tym, że daną ilość soku lub wędliny wyprodukowano z odpowiedniej ilości owoców/mięsa. Produkt, który ma największą zawartość składnika właściwego, będzie oczywiście najlepszy.

• Zawartość netto opakowania, liczba sztuk lub porcji

Netto, czyli bez opakowania. W niektórych przypadkach producent podaje dodatkowo np. wagę produktu po odsączeniu (dotyczy to przetworów w zalewach, fasolki w puszce albo suszonych pomidorów w oleju lub tuńczyka w sosie własnym).

• Wartość kaloryczna i wartość odżywcza

Ta pierwsza, jak sama nazwa wskazuje, to liczba kilokalorii (kcal) lub kilodżuli (kJ) zawartych w porcji lub w stu gramach danego produktu. Natomiast wartość odżywcza mówi nam, jaki procent składników odżywczych (tłuszczy, białek, węglowodanów, poszczególnych witamin czy składników mineralnych) znajduje się w danym produkcie (np. serku lub soku). Obie wartości umożliwiają komponowanie optymalnej i zrównoważonej diety, dlatego powinniśmy zwracać na nie uwagę, kupując produkty.

• Ostrzeżenia przed występowaniem składników alergennych

Jest to informacja typu: zawiera gluten albo może zawierać śladowe ilości orzechów. Absolutnie niezbędna dla osób zmagających się z uczuleniami pokarmowymi. Niektóre składniki obecne są w produktach, których w ogóle byśmy o to nie podejrzewali, np. mleko (w proszku) w wędlinie, pieczywie czy chipsach.

- **Informacje o warunkach przechowywania, przygotowania i obróbki kulinarnej**
Pojawiają się tylko wtedy, gdy ich brak może spowodować niewłaściwe postępowanie konsumenta. Są to np. treści tego rodzaju: „po otwarciu przechowywać w lodówce" albo: „gotować w osolonej wodzie przez 15 min".

- **Data minimalnej trwałości lub termin przydatności do spożycia**
Tę pierwszą poprzedza określenie: „najlepiej spożyć przed" – mówi ona, do kiedy produkt zachowuje odpowiednią jakość. Po przekroczeniu tej daty, jeśli przestrzegano zasad przechowywania, a opakowanie jest nienaruszone, produkt nadal może być bezpieczny dla konsumenta. Umieszczana jest na wielu produktach mrożonych, suszonych (np. kasza, ryż), konserwach i niektórych innych (np. oleju).
Drugi termin – przydatności do spożycia, poprzedzony jest określeniem „należy spożyć do". Po jego przekroczeniu produkt traci przydatność do spożycia i nie należy go jeść. Pojawia się na produktach nietrwałych mikrobiologicznie – na mięsie, nabiale, świeżych sokach czy sałatkach.

- **Nazwa producenta, miejsce produkcji i źródło pochodzenia**
Anonimowe wyroby nie mogą być dopuszczone do handlu. Jeśli na opakowaniu produktu ciężko znaleźć miejsce produkcji czy nazwę producenta, może nie warto po niego sięgać.

- **Oznaczenie partii produkcyjnej**
To umożliwia szybkie i skuteczne działanie, np. gdy okaże się, że jakaś część produkcji jest wadliwa, bo nie zostały zachowane wszystkie procedury technologiczne (np. zepsuł się podajnik cukru i część dżemów trafiła do sklepów mniej słodka, niż zostało to opisane na etykiecie). Nie trzeba w takiej sytuacji wycofywać ze sklepów wszystkich dżemów, tylko tę partię, którą dotknęły skutki awarii.

- **Klasa jakości handlowej**
Fakt, że produkt nie jest pierwszej klasy, nie musi oznaczać, że jest pod jakimś względem gorszy. Często sortuje się produkty rolno-spożywcze i dzieli na klasy, np. biorąc pod uwagę ich wygląd, wielkość itd. Jabłka pierwszej klasy są większe niż te klasy drugiej. Nie ma to żadnego wpływu na ich smak.

5) Wybierajmy produkty: sezonowe, lokalne, tradycyjne i świeże

Daje nam to gwarancję, że unikniemy nadmiernej zawartości szkodliwej chemii w jedzeniu. Jeśli coś jest świeże, sezonowe i lokalne – logiczne, że nie trzeba tego wieźć z drugiego końca świata i konserwować. Tradycyjna receptura jest także zazwyczaj wolna od chemicznych polepszaczy. Dlaczego? Bo „tradycyjny" to znaczy wypracowany lata, jeśli nie wieki temu, kiedy świat po prostu nie znał takich dodatków.

6) Jeśli to tylko możliwe, sięgajmy po wyroby ekologiczne

Znakiem, którego warto szukać na opakowaniach żywności, jest niewielki zielony listek – europejski symbol rolnictwa ekologicznego. Gwarantuje on, że oznaczony nim produkt pochodzi z uprawy zrównoważonej, a nie przemysłowej i, co za tym idzie, wolny jest od zawartości ciężkiej chemii. Dodatkowo, każdy ekologiczny produkt powinien być opatrzony numerem identyfikacyjnym jednostki certyfikującej.

7) Unikajmy konserwantów, barwników, substancji słodzących

Jak w każdej sprawie, tak i w tym przypadku trzeba zachować zdrowy rozsądek: niektóre dodatki kryjące się pod symbolem „E" (np. E 100 – czyli kurkuma) są zupełnie nieszkodliwe. Innych lepiej unikać.

Oczywiście, nie jest możliwe, aby do sprzedaży trafiły produkty tak nasycone konserwantami czy barwnikami, że stanowiłoby to zagrożenie dla zdrowia człowieka. Każdy dopuszczony do handlu produkt musi spełniać obowiązujące normy. Jednak dokładnie nie wiadomo, jak nasze organizmy zareagują na otrzymanie dawki chemii pochodzącej np. z pięciu czy dziesięciu różnych produktów, ani jak te substancje wzajemnie oddziałują na siebie i to jest ryzyko. Dlatego wybierajmy produkty z jak najmniejszą ilością „E".

E – dodatki na indeksie (dodatki, które spożywane regularnie mogą być szkodliwe)

Barwniki; uwaga: wszystkie mogą wywołać alergię

E 102 – tartrazyna barwnik azowy, nadaje produktom żółty kolor; występuje w następujących produktach: oranżada, oranżada w proszku, lody, desery w proszku, syropy, słodycze, musztarda, sztuczny miód; potrafi wywołać silne reakcje alergiczne,

E 104 – żółcień chinolinowa, również żółty barwnik; dodawana do oranżady, ryb wędzonych, deserów w proszku; również powoduje reakcje alergiczne,

E 110 – żółcień pomarańczowa; wypatruj jej na etykietach marmolad, napojów z czekoladą, produktów z galaretką pomarańczową, zup w proszku, panierek, sosów w proszku, kremów, marcepanu,

E 120 – koszenila, barwnik czerwony; produkty: napoje alkoholowe, konfitury,

E 122 – azorubina barwnik azowy, także barwnik czerwony; dodawany do lodów, zup, słodyczy, sosów w proszku,

E 123 – amarant, barwnik azowy, barwnik czerwony, produkcja syntetyczna; znajdziesz go w likierach i kawiorze,

E 124 – czerwień koszenilowa, barwnik azowy, barwnik czerwony; dodawany do mięsa, łososia, galaretki owocowej, oranżady,

E 127 – erytrozyna barwnik azowy, barwnik różowy; obecny w lodach, owocach konserwowych, deserach,

E 142 – zieleń brylantowa, obecna w słodyczach,
E 151 – czerń brylantowa; znajdziesz ją w sosach, słodyczach, kawiorze, lukrecji,
E 153 – węgiel drzewny; obecny w powłokach woskowych, np. serów,
E 154 – brąz FK, barwnik brązowy; dodawany do przetworów rybnych, np. śledzi wędzonych,
E 155 – brąz HT, barwnik brązowy; dodawany do przypraw korzennych, wypieków, deserów, produktów czekoladopodobnych,
E 160d – annatty, barwnik pomarańczowy; obecny w serze, maśle, margarynie,
E 585 – mleczan żelaza, stabilizator barwy.

Konserwanty:
E 210 – kwas benzoesowy; występuje w galaretkach, gotowych sałatkach, sokach owocowych, napojach, margarynie, piwie, konserwach rybnych,
E 220 do 228 – siarczyny, dwutlenek siarki, bezwodnik kwasu siarkowego; znajdziemy go w białych winach, suszonych owocach oraz przetworach ziemniaczanych,
E 249 – azotyny potasu oraz **E 250** – azotyny sodu; używane są do peklowania mięs,
E 284 – kwas borny; stosowany do utrwalania kawioru.

Preparaty zagęszczające i żelujące:
E 400 – kwas alginowy,
E 407 – karagen.

Substancje słodzące stosowane zamiast cukru:
E 420 – sorbitol oraz **E 421** – mannitol; używane w żywności dla diabetyków; sorbitol występuje też w gumach do żucia, żelkach oraz w wielu innych słodyczach.

Co włożyć do koszyka?

PIECZYWO I CHLEB

Jestem na TAK:
- chleb na zakwasie,
- pieczywo razowe (jeśli nie mamy problemu z trawieniem, bo jest dość ciężkostrawny),
- z pestkami, orzechami, suszonymi owocami.

Jestem na NIE:
- pieczywo z białej mąki,
- z dodatkiem cukru, spulchniaczy, konserwantów, barwników i substancji przyspieszających rośnięcie ciasta.

UWAGA: dobry chleb musi mieć swoją cenę, zwykle kosztuje 4-5 zł za bochenek. Jest też dość ciężki i przez dobrych parę dni zachowuje świeżość.

NABIAŁ

SER

Jestem na TAK:
– dobry twaróg,
– ser z mleka, podpuszczki, ewentualnie specjalnych bakterii, z dodatkiem śmietany i soli; każdy składnik spoza tej listy jest zbędny; jedyny dopuszczalny barwnik annato – E 160b, który nadaje żółtym serom kolor, do którego jesteśmy przyzwyczajeni.
Jestem na NIE:
– ser z całą listą sztucznych dodatków (niestety, jest ich niemało na rynku),
– serki „naturalne", „kremowe" spulchniane azotem, o koszmarnej cenie (np. 4-5 zł za 80 g).

UWAGA: masz ochotę na prawdziwie naturalny serek kremowy? Kup pół kilo twarogu i rozetrzyj go z odrobiną jogurtu, dodaj soli i szczypiorku. Za cenę jednego kupnego i niezbyt wartościowego serka otrzymasz pięć razy więcej doskonałego produktu.

MLEKO

Jestem na TAK:
– mleko świeże,
– mleko pasteryzowane w niskiej temperaturze,
– mleko w butelkach.
Jestem warunkowo na TAK:
– mleko UHT – tylko wtedy, gdy musimy kupić mleko o długim terminie przydatności do spożycia (proces homogenizacji, któremu poddawane jest mleko, niszczy część jego wartości odżywczych); jednak w umiarkowanej ilości, konsumowane na ciepło z dodatkiem naturalnej wanilii, która pomoże strawić ten produkt.

JOGURTY, KEFIRY

Jestem na TAK:
– o prostym składzie: wystarczy mleko i żywe kultury bakterii,
– z prawdziwymi owocami.
Jestem na NIE:
– zawierające substancje smakowe, żelujące oraz cukier.

UWAGA: chcesz mieć jogurt owocowy z prawdziwego zdarzenia? Do tego naturalnego dodaj prawdziwe owoce, posyp orzechami, posłódź miodem. Jogurty gotowe, rzekomo owocowe, rzadko kiedy zawierają prawdziwe owoce.

JAJKA

Jestem na TAK:
- jajka ekologiczne:
  - od kur wolnobiegających,
  - od zielononóżki kuropatwianej lub innych starych ras.

Jestem na NIE:
- jajka od kur chowu klatkowego,
- jajka bez oznaczeń.

UWAGA: producenci wprowadzają dodatkowe oznaczenia na jajkach, np. klasę świeżości lub wielkość. To czysty chwyt marketingowy! Liczy się tylko sposób chowu kur. Druga sprawa: naprawdę dobre, ekologiczne jajo łatwiej jednak kupić w supermarkecie, gdzie właściwe oznaczenie jest wymogiem. Anonimowy handlarz na bazarze często wciska jajko chowu klatkowego – tyle, że bez oznaczenia – jako pochodzące od tzw. „szczęśliwych kurek".

Oznaczenia jajek – informacja o tym, jak chowane są kury

0 – chów ekologiczny (najlepsze!),
1 – wolnowybiegowy (dobre!),
2 – ściółkowy,
3 – klatkowy (unikać, jeśli to możliwe).

TŁUSZCZE

Jestem na TAK:
– prawdziwe masło – w umiarkowanych ilościach (i o ile problemy zdrowotne tego nie wykluczają),
– oleje z pierwszego tłoczenia, nasze polskie: rzepakowy, rydzowy, z pestek dyni, lniany,
– oliwa *extra virgin* (z pierwszego tłoczenia).
Jestem na NIE:
– margaryna,
– oleje rafinowane,
– oliwa *senza* (z wytłoków; uzdatniana chemicznie).
Opcjonalnie jestem na TAK:
– smalec.

MAKARONY

Jestem na TAK:
– makarony razowe,
– z takich mąk, jak orkisz, gryka,
– paczkowane,
– domowe, zrobione z dobrej mąki,
– polskie lub najwyższej klasy włoskie (są drogie, ale świetne),
– azjatyckie pszenne, ze słodkich ziemniaków, ryżowe, sojowe, do szybkiego gotowania.
Jestem na NIE:
– białe makarony z pszenicy słabej jakości,
– sprzedawane na wagę.

UWAGA: popularny kuskus to nie jest kaszka, tylko kluseczki; ten dostępny u nas robiony jest z białej mąki i nie polecam jadać go zbyt często.

DANIA GOTOWE I ZUPY

Jestem na TAK:
– 100% naturalnych składników,
– krótki termin przydatności do spożycia,
– miksy mrożonych warzyw,
– naturalne zupy,
– weki zabezpieczone wyłącznie pasteryzacją.
Jestem na NIE:
– kolekcja konserwantów w składzie,
– mrożonki z przyprawami.

WARZYWA I OWOCE

Jestem na TAK:
– świeże, sezonowe, lokalne,
– możliwie ekologiczne,
– z własnej grządki lub od zaprzyjaźnionego rolnika,
– kiszonki bez substancji dodatkowych.

UWAGA: kapusta kwaszona, to nie jest kapusta kiszona – do tej pierwszej często dodawany jest ocet i nie może się ona równać ze zdrową i pyszną kiszoną! Trzeba uważnie czytać informacje na opakowaniach.

Jestem na NIE:
– owoce nietypowe dla danej pory roku.

UWAGA: nieraz kusi nas, żeby kupić pięknie wyglądający egzotyczny owoc. Tymczasem zwykle musi on pokonać tysiące kilometrów, a każdy dzień obniża jego wartości odżywcze. Poza tym zrywany jest jeszcze zielony i dojrzewa na skutek opryskania etanem.

MIĘSO

Jestem na TAK:
– drób wolnobiegający, szczęśliwy i niekoniecznie tani (taki kurczak może kosztować ok. 30 zł/kg),
– certyfikowana wołowina i wieprzowina, najlepiej ekologiczna,
– certyfikowane wędliny, bez konserwantów, wyprodukowane z większej masy mięsa niż ich masa sprzedażowa.

Jestem na NIE:
– mięso tanie, przemysłowe, z wielkich hodowli, nafaszerowane konserwantami,
– parówki,
– pasztety z puszek.

UWAGA: naprawdę jestem przekonany, że znacznie lepiej dla zdrowia naszych dzieci byłoby, gdyby jadły mięso rzadziej, za to doskonałej jakości i droższe. W ogóle jemy zbyt wiele mięsa. Badania przeprowadzone przez CZD jasno pokazały, że dzieci na diecie wegańskiej i wegetariańskiej są zdrowsze niż te, które jedzą mięso. Dobrej jakości mięso serwujmy im jeden lub dwa razy w tygodniu.

RYBY

Jestem na TAK:

– świeże, najlepiej polskie,
– z niezagrożonych akwenów (niestety, aż 89% światowych łowisk jest w stanie przełowienia, nie jest o to więc tak łatwo; nasz Bałtyk jest jeszcze stosunkowo bezpieczny),
– dobre ryby mrożone – mające poniżej 20% glazury i nieobeschnięte,
– mrożone, przekładane papierem,
– dobre konserwy rybne – np. z Hiszpanii, Portugalii, a także oczywiście polskie.

Jestem na NIE:

– ryby utrwalane konserwantami,
– konserwy rybne barwione, z dodatkami funkcjonalnymi – „E",
– panga, ryba maślana i inne „wynalazki" pochodzące z azjatyckich hodowli.

KASZE I RYŻE

Jestem na TAK:

– polskie kasze – jaglana, gryczana niepalona, pęczak, mazurska, orkiszowa,
– ryż brązowy, dziki, czerwony, dobrej jakości basmati i jaśminowy także można wziąć pod uwagę.

Jestem na NIE:

– produkty paraboild,
– białe ryże, oczyszczone,
– w foliowych torebkach.

PRZYPRAWY I DODATKI SMAKOWE

Jestem na TAK:

– zioła suszone i świeże,
– przyprawy korzenne,
– naturalne mieszanki przyprawowe,
– dobrej jakości sosy sojowe, rybne, musztardy i keczupy (te ostatnie najlepiej domowe).

Jestem na NIE:

– wszystko to, co powyżej, ale z dodatkiem substancji wzmacniających smak, ze sztucznymi barwnikami i z konserwantami.

SŁODYCZE

Jestem na TAK:
– słodzone miodem, syropem klonowym,
– słodzone stewią lub xylitolem (cukrem z brzozy),
– z dodatkiem suszonych owoców,
– z prawdziwą czekoladą,
– ręcznie robione,
– wszystko w umiarkowanych ilościach.
Jestem na NIE:
– z dodatkiem rafinowanego cukru,
– z dodatkiem żelatyny,
– z dodatkiem syropu glukozowo-fruktozowego,
– cukierki z dodatkiem witamin (to tylko chwyt marketingowy!).

NAPOJE

Jestem na TAK:
– świeżo wyciśnięty sok,
– napary ziołowe (mięta, werbena),
– napoje domowe z suszonych lub ze świeżych owoców,
– herbatki owocowe, ziołowe.
Jestem na NIE:
– napoje słodzone,
– napoje gazowane,
– płyny energetyzujące,
– napoje pasteryzowane.

Rozdział 5 Gdzie możemy nauczyć gotować nasze dzieci i naszych bliskich?

A po co w ogóle uczyć się gotować, mógłby zapytać ktoś z czytelników. No właśnie, to wcale nie jest konieczne, nie musimy się pchać do kuchni i garnków, są przecież restauracje, które z radością nas ugoszczą. Oczywiście, zrobią to za konkretną kwotę.

Umiejętność gotowania oraz znajomość jedzenia są zagadnieniami z koszyka rodzinnej ekonomii. Jeśli lubimy dobrze zjeść, chcemy żywić się prawdziwym, wysokogatunkowym jedzeniem, a nie jesteśmy milionerami, to musimy, po pierwsze – wiedzieć, jak robić zakupy (napisałem o tym w rozdziale piątym), a po drugie – umieć przyrządzić coś smacznego z kupionych produktów. Moja przygoda z gotowaniem wzięła się właśnie stąd, że lubiłem dobrze zjeść, a nie miałem na to nieograniczonego budżetu. Dlatego musiałem wziąć się do roboty sam...

Gdzie zatem można nauczyć się gotować?

Mamy kilka opcji do wyboru. Po pierwsze, w rodzinie: od mamy, babci, cioci, albo – nie bądźmy seksistami – od taty lub dziadka. Niektórzy faceci naprawdę świetnie gotują. Takie familijne mieszanie w garnku jest także doskonałym sposobem na wspólne spędzanie czasu i integrację bliskich, ale na co dzień zapracowanych osób. Nic tak nie zbliża ludzi, jak kuchnia i wspólny stół.

Po drugie, możemy się umawiać na wspólne gotowanie z przyjaciółmi. Najlepsze przyjęcia to takie, gdzie każdy coś da z siebie, coś ugotuje, wyszuka dobry przepis, wynajdzie pyszny produkt. Przy okazji możliwa jest wymiana doświadczeń. Każdy potrafi przygotować coś innego i może się tą umiejętnością podzielić z pozostałymi. Najbardziej twórcze są takie spotkania, w których uczestniczą ludzie z różnych regionów czy nawet krajów – wtedy każdy pokazuje coś swojego i to dopiero jest nauka!

Uczyć się gotować można i samemu, szperając w Internecie, odwiedzając różne blogi czy portale kulinarne. Oczywiście warto pamiętać, że w sieci znajduje się mnóstwo wartościowych informacji, ale też sporo zwykłych śmieci i potrzeba sporej dawki zdrowego rozsądku oraz krytycyzmu, żeby oddzielić jedne od drugich. You Tube jest kopalnią wiedzy i jeśli szukamy przepisu bądź techniki, z pewnością uda nam się tam zobaczyć, jak robią to mistrzowie.

Kolejna doskonała okazja do nauki pojawia się w czasie podróży – po Polsce czy po świecie. Warto zaglądać na zaplecza restauracji, do kuchni gospodarzy, na lokalne targi i naprawdę jest to obojętne, czy to targ rybny w Genui, czy warzywny w Wołominie. Każde wyjście z domu daje możliwość uczestniczenia w lekcji odkrywania jedzenia. Każde miejsce smakuje inaczej. Zgłębiając historię, architekturę czy krajobraz danego regionu, po prostu nie można pominąć jego smaku i zapachu. To także jest element wiedzy, która nas wzbogaca.

Następna opcja – kurs w jednej ze szkół gotowania, które w ostatnim czasie powstają jak grzyby po deszczu. Nim jednak zapłacimy za serię lekcji, warto podpytać, ile naprawdę są one warte. Idealnie byłoby, gdyby wcześniej uczestniczył w nich ktoś z naszych znajomych. Można też przeszukać fora internetowe: ludzie chętnie dzielą się swoimi opiniami, zwłaszcza tymi negatywnymi. Uczulam wszystkich na to, bo oprócz ogromnej liczby naprawdę świetnych propozycji na rynku jest sporo bubli, także w tej dziedzinie.

No i wreszcie ostatni, nie tak dostępny, ale naprawdę świetny sposób: możemy nauczyć się gotować, wybierając praktyki w restauracji. To jest propozycja raczej dla tych najbardziej zdeterminowanych. Gwarantuję jednak, że będzie to świetna szkoła – gotowania, ale i życia, bo praca w lokalach gastronomicznych to ciężki kawałek chleba. Ja sam wybrałem właśnie taką drogę. Miałem 19 lat, z jednej strony chciałem zarobić, z drugiej – posmakować pysznych potraw. Nigdy nie zapomnę, kiedy po raz pierwszy próbowałem sosu z sera pleśniowego czy domowego curry. Cóż to było za przeżycie...

Rozdział 6 Ruch to zdrowie

Ruch jest w stanie zastąpić prawie każdy lek,
ale wszystkie leki, razem wzięte, nie zastąpią ruchu.
dr Wojciech Oczko (1537-1599)

Jakiś czas temu wydawało się, że na „trzy cztery" wszyscy pokochali bieganie, siłownię i rower. Cieszy fakt, że coraz częściej nawet na ulicy czy w parku można spotkać ludzi uprawiających sport. Jednak nadal dziesiątki tysięcy Polaków spędza czas biernie. Niektórzy próbują to zmienić, kupują nawet odpowiedni sprzęt i karnet na siłownię czy basen, ale zapał szybko się ulatnia i okazuje się, że tylko stracili pieniądze. Brakuje im motywatora?

Jeśli mają Państwo w rękach tę książkę, to już wygraliście los na loterii! Jesteście, bądź niedługo będziecie, szczęśliwymi rodzicami czy dziadkami. I niech właśnie ten mały, ważny człowiek będzie dla Państwa motywacją, aby wstać z kanapy, założyć dres i regularnie ćwiczyć. W ten sposób nauczycie młodsze pokolenie, jak należy spędzać wolny czas, aby cieszyć się zdrowiem i szczupłą sylwetką.

Systematyczna aktywność fizyczna pozytywnie wpływa zarówno na kondycję fizyczną, jak i psychiczną. Ruch pobudza krążenie krwi, wraz z którą wyekstrahowane z jedzenia składniki odżywcze docierają do wszystkich tkanek i odżywiają je. Głęboki oddech pobudza układ nerwowy, trawienie i usuwanie toksyn z organizmu. Dzięki temu nasze dzieciaki będą silne, zwinne, zdrowe i lepiej poradzą sobie ze stresem.

Ruch to zdrowie! Jakie korzyści wiążą się z regularną aktywnością fizyczną?

- mineralizacja szkieletu dzieci,
- wzmocnienie stawów, ścięgien i więzadeł,
- umięśnienie grzbietu, pleców, brzucha = zmniejszenie ryzyka wad postawy,
- zwiększenie wydolności fizycznej,
- zwiększenie odporności na zmęczenie,
- zwiększenie pojemności życiowej płuc = lepsze dotlenienie organizmu,
- regulacja procesów metabolicznych = zmniejszenie ryzyka nadwagi i otyłości,
- wydzielanie endorfin = dobry nastrój.

Ponadto:

- budowanie poczucia własnej wartości i pewności siebie,
- zyskanie umiejętności pracy zespołowej,
- wypracowanie takich cech, jak samodyscyplina, systematyczność i wytrwałość w dążeniu do celu,
- wyrobienie zdrowego nawyku, jakim jest aktywność fizyczna.

Warto wiedzieć, że wysiłek fizyczny nie musi być bardzo intensywny ani trwać w nieskończoność, aby przynieść pozytywne efekty. Osobie dorosłej wystarczy 30 minut szybkiego spaceru, przejażdżki rowerowej czy gimnastyki, ale codziennie. Jeśli zaś chodzi o dzieci i młodzież, zalecane jest 60 minut dziennie aktywności fizycznej. To w trakcie tych zaledwie kilkudziesięciu minut ciało solidnie się dotlenia, dostarczając nam świeżej dawki energii i dobrego samopoczucia. Dotleniony mózg to głowa chętna do przyswajania kolejnych porcji wiedzy. Pamiętajmy więc, aby bez poważnej przyczyny nie zwalniać dzieci z zajęć wychowania fizycznego w szkole. Stanowią one nie tylko potrzebną przerwę pomiędzy lekcjami, które wymagają koncentracji i skupienia, ale również pokrywają część zalecanej dziennej dawki aktywności fizycznej.

Jak zachęcać dzieci do uprawiania sportu?

- Świeć przykładem, to jest najsilniejszy bodziec, czyli ćwicz sam,
- ćwicz razem z nimi od najmłodszych lat,
- pozwól im spróbować różnych dyscyplin i wybrać te, które sprawiają największą przyjemność,
- nie naciskaj zbyt mocno, dzieci przechodzą różne etapy rozwoju i mogą podobać się im różne rodzaje aktywności,
- wybierz się z nimi na jakieś wydarzenie sportowe, aby mogły poczuć emocje, jakie są z tym związane,
- pokaż dzieciom, że sport może być dobrą zabawą, np. zorganizuj rodzinny turniej badmintona, podchody albo grę w ringo.

Osoby, które nie uprawiają regularnie sportu, są bardziej narażone na rozwój nadwagi i otyłości, ale także cukrzycy typu II, chorób układu krążenia i osteoporozy. Pamiętajmy, że czas spędzony na aktywności fizycznej z dzieckiem to jeden z najłatwiejszych i najtańszych sposobów zadbania o jego zdrowie. Przy okazji budujemy wspólne relacje, zainteresowania, integrujemy się z dziećmi i dajemy im okazję do sensownego spożytkowania ogromnej energii, która drzemie w młodych ciałach. Dzięki temu dzieciństwo jest super!

Rozdział 7 Pokazywanie dzieciom, skąd się bierze jedzenie, to wspaniała przygoda!

Jestem zdania, że jedzenie jest tak samo ważną i fascynującą częścią naszego życia, jak inne przejawy kultury człowieka. Dlatego całym sercem zachęcam do tego, by odwiedzać producentów żywności. Pobyt u nich jest często czymś w rodzaju zwiedzania pracowni artysty. A jaki wspaniały cel dydaktyczny! Dzieciak dowiaduje się, że kury siedzą na grzędach i znoszą jajka, a pomidory wiszą na krzakach i potrzebują słońca oraz czasu, żeby naprawdę dojrzeć. A jak wtedy pachną, jakie są soczyste! Być może niektóre maluchy ze zdziwieniem odkryją też, że pietruszka i natka to dwie części tej samej rośliny, a schab pochodzi ze świnki i nie jest potrawą wyhodowaną w sklepie.

I tu pojawia się kolejna ważna sprawa. Jeśli sami jemy mięso i karmimy nim nasze pociechy, dobrze jest, moim zdaniem, uświadamiać im, skąd ono pochodzi. Oczywiście nie po to, żeby wzbudzać poczucie winy, tylko żeby przekazać im, jak ważne jest dobre traktowanie zwierząt. I że hodowca z prawdziwego zdarzenia troszczy się o świnie, krowy czy kury, o to, w jakim otoczeniu żyją, czy mają dość miejsca, czy są czyste, zdrowe, nakarmione prawdziwym jedzeniem, czy się nie boją albo nie stresują. Tak „zaopiekowane" zwierzęta odwdzięczą się nam mięsem doskonałej jakości albo pysznymi jajkami.

Poznawanie źródeł jedzenia może być rodzajem rodzinnej przygody i niezbyt drogim sposobem na spędzanie weekendów, tym bardziej, że takie wyprawy można odbywać do dowolnego zakątka Polski. Oto kilka przykładów.

Około 15 kilometrów za Poznaniem, jadąc w stronę Zielonej Góry, znajduje się Folwark Wąsowo, gdzie uprawia się kapitalne warzywa. Można tam też wynająć rodzinny pokój w starej kuźni.

Z kolei oddalając się zaledwie 19 kilometrów od centrum Warszawy, traficie do gospodarstwa Ludwika Majlerta, który ma najlepsze szparagi i groszek cukrowy, jakie zdarzyło mi się jeść w naszej pięknej ojczyźnie.

Jeśli przyjdzie wam do głowy pomknąć na północ, w okolicach Gdańska znajdziecie gospodarstwo ogrodnicze Lawenda. Można tam pooglądać, kupić i zjeść kolorowe, niesamowite jadalne kwiaty. Niech się dzieciaki przekonają, jak smakują amarantusy, begonie, czarnuszki i inne floksy. To dopiero jest przygoda!

A spod Gdańska stosunkowo niedaleko jest na Ranczo Frontiera, gdzie Rusłan Kozynko – prawdziwy sekciarz w dziedzinie owczych serów zagrodowych – produkuje małe arcydzieła. Zapewniam was, że dla dzieciaka dojenie owiec i przetwarzanie ich mleka w fantastyczny ser będzie taką samą przygodą, jak wyprawa do ruin zamku czy do muzeum kolejnictwa.

O tym, że nie jest wcale tak trudno odciągnąć dziecko od komputera, dobrze wiedzą Ewa i Piotr Stratenwerth, prowadzący Gospodarstwo Arka w Grzybowie koło Słubic. Produkują fantastyczny ekologiczny chleb i jeśli zechcecie ich odwiedzić ze swoimi pociechami, pokażą wam, jak się mieli ziarno na mąkę w prawdziwym tradycyjnym młynie, a potem sami będziecie mogli upiec z niej mały bochenek. Taki chleb, który zrobi się samemu, zupełnie inaczej smakuje.

Rozdział 8 Choroby dietozależne

Niech pożywienie będzie lekarstwem, a lekarstwo pożywieniem.
Hipokrates (460-370 p.n.e.)

Codziennie, kilka razy na dobę, zastanawiamy się, co, gdzie i z kim zjeść. W pośpiechu, który często nam towarzyszy, sięgamy po coś do jedzenia – gotowego i błyskawicznego. Są to zazwyczaj wysoko przetworzone, „podrasowane" produkty, z poprawiającymi smak i zapach substancjami chemicznymi, nie do końca znanego pochodzenia. To jest dostępne, smaczne, na szybko i w tzw. międzyczasie. Jedząc w taki sposób, nie jesteśmy świadomi, że w naszym organizmie zachodzą powoli nieodwracalne zmiany.

Nawet jeśli zdiagnozowana została już choroba, nie dostrzegamy, iż jej powstanie może być związane ze sposobem odżywiania. Tak się składa, że duża część dolegliwości, na które zapadamy, to tzw. choroby dietozależne (choroby wynikające lub związane ze sposobem, w jaki na co dzień jemy). Światową, niechlubną tendencją jest zwiększająca się zapadalność na choroby okresu starczego w dużo młodszym wieku. Dotyczy to już niestety młodzieży i coraz mniejszych dzieci.

Jakie choroby uznane są za dietozależne?

- otyłość,
- cukrzyca typu II,
- nadciśnienie tętnicze,
- próchnica,
- choroby układu krążenia,
- osteoporoza,
- nowotwory,
- częste infekcje, w tym dróg oddechowych,
- obniżona odporność organizmu,
- stany obniżonego nastroju.

Za przyczynę powstawania chorób dietozależnych uznaje się nieracjonalną, nieprawidłowo zbilansowaną dietę oraz niewłaściwą jakość żywności. Wygląda na to, że coraz młodsze dzieci właściwie same decydują o tym, co jedzą przez większą część dnia. Rano rezygnują ze śniadania lub wcinają słodzone płatki z zimnym mlekiem. Do szkoły zamiast odpowiedniego, wspierającego drugiego śniadania dostają pieniądze, chętnie wydawane w szkolnym sklepiku na chipsy i inne tego typu „frykasy".

Nienauczone mądrej diety, wybierają to, co znają z reklam i opowieści kolegów – słodkie, przesycone cukrem i sztucznymi barwnikami napoje gazowane, wszelkiego rodzaju słodycze czy fast foody.

Jeśli chcemy, aby nasze dzieci jadły i wybierały prawidłowo, musimy je tego nauczyć. Wymaga to zapewne czasu, poświęcenia, a przede wszystkim zadbania o wzorce, jakie sami im dostarczamy.

Jakie są przyczyny powstawania chorób dietozależnych?

- zbyt wysoka energetyczność diety (jemy więcej, niż potrzebuje nasz organizm),
- nadmierne spożycie cukru,
- nadmierne spożycie soli,
- nadmierne spożycie tłuszczu,
- niedobór błonnika w diecie,
- niedobór witamin i składników mineralnych w diecie,
- małe ilości antyoksydantów (m.in. witaminy A, C, E, karetonoidy, cynk i selen) dostarczanych w ramach diety,
- nadmiar toksyn przyjmowanych z pożywieniem,
- nadmierne spożycie zimnych i przetworzonych produktów.

Co z tą otyłością?

Problem nadwagi i otyłości wśród dorosłych jest znany już od dawna. Wśród dzieci i młodzieży narasta od kilkunastu lat i staje się prawdziwą plagą. Obecnie uznaje się, że co 5. dziecko w Polsce ma nadwagę lub otyłość. Raport UNICEF (*Warunki i jakość życia w państwach rozwiniętych*) pokazał, że to właśnie u nas zaobserwowano w ostatnich latach najwyższy wzrost odsetka dzieci z nadwagą [źródło: www.unicef.pl]. Sytuacja jest bardzo poważna. Wiadomo przecież, że z nadwagą i otyłością związany jest szereg innych problemów zdrowotnych, takich jak cukrzyca typu II czy choroby układu krążenia, które rozpoznawane są u coraz młodszych dzieci.

Niestety, dla wielu rodziców, dziadków czy opiekunów otyłość dziecka to żaden problem, a już na pewno nie choroba. Często słyszę tłumaczenie, że dziecko na pewno z tego „wyrośnie". Tymczasem nadwaga i otyłość stanowią poważne zagrożenie dla zdrowia oraz kondycji psychofizycznej dziecka, a później dorosłego.

Do rozpoznania nadwagi czy otyłości u dzieci używa się siatek centylowych i wskaźnika masy ciała BMI.

Wskaźnik BMI = masa rzeczywista [kg]/wzrost [m]^2

Otrzymany wynik porównuje się do danych z siatek centylowych (uwzględniają płeć i wiek dziecka).

O weryfikację wyników możemy poprosić pediatrę bądź dietetyka.

Wykorzystajmy jednak fakt, że obserwujemy swoje dziecko każdego dnia. Jeśli w krótkim czasie szybko przybiera na wadze mimo tego, że jego wzrost nie zmienia się lub zmienia się nieznacznie, nie bagatelizujmy sprawy i sprawdźmy wraz z lekarzem bądź dietetykiem, czy nie powinniśmy zmienić sposobu jego żywienia. Zdecydowanie lepiej zapobiegać, niż leczyć.

Jakie mogą być skutki otyłości u dziecka?
- astma oskrzelowa,
- bezdech w czasie snu,
- wady postawy,
- insulinooporność, a w konsekwencji cukrzyca typu II,
- ograniczenia ruchowe,
- otłuszczenie narządów wewnętrznych,
- nadciśnienie,
- zwiększone ryzyko udaru i miażdżycy w wieku dojrzałym,
- zaburzenia odżywiania, w tym jadłowstręt psychiczny i bulimia.

Ponadto:
- odrzucenie, szykanowanie przez rówieśników,
- niska samoocena,
- depresja.

Zadbajmy o prawidłowe odżywianie i regularną aktywność fizyczną naszych dzieci od najmłodszych lat – w trosce o ich przyszłość. To nic strasznego poprosić o radę specjalistę dietetyka i zmienić sposób żywienia nie tylko dziecka, ale całej rodziny, aby wszyscy byli zdrowsi, bardziej zadowoleni i pełni sił.

Rozdział 9 Kto kształtuje nawyki żywieniowe dzieci?

Wszyscy się ze mną zgodzą, że największy wpływ na to, jak wygląda życie dziecka, mają jego rodzice i opiekunowie, a dopiero potem środowisko, w jakim dorasta. To rodzice zapewniają beztroskie, szczęśliwe i smaczne dzieciństwo. Budują swoje dziecko, jego poczucie własnej wartości, kształtują w dużym stopniu charakter i nawyki swego potomka, również żywieniowe.

To właśnie my, rodzice, mamy największy wpływ na to, co trafi do małej rączki czy na talerz naszego dziecka. To od nas zależy, czy nauczymy je jeść pełnoziarniste pieczywo, świeże warzywa i owoce oraz pić wodę. Decydujemy o tym, kiedy damy mu posmakować pierwszego cukierka i kolorowego napoju o wątpliwej wartości odżywczej.

To właśnie rodziców naśladują dzieci od małego – bacznie obserwują, przejmują to, jacy jesteśmy i jakich wyborów dokonujemy każdego dnia. Zacznijmy zatem od siebie. Nasze dzieci potrzebują świadomych, troskliwych i kochających rodziców. Wybór należy właśnie do nas.

Pamiętajmy, że jeśli oczekujemy zmiany, zróbmy sami pierwszy krok, a nasze dziecko będzie za nami podążać.

A co będzie, gdy dziecko pójdzie do szkoły?

Kiedy dziecko idzie do szkoły, oddajemy część naszego wpływu na nie środowisku. Jednak przy zbudowanych mocnych podstawach, nadal zachowujemy duży wpływ. Dzieci to mali dorośli, trzeba z nimi rozmawiać, pokazywać im własną perspektywę kulinarną. Wszystko jest do zrobienia.

Jak wpływać na dietę dziecka, które chodzi do szkoły?

- ustal, co lubi dostawać i na co ma tego dnia ochotę (z możliwych i dostępnych opcji),
- przygotowuj pyszny, wartościowy posiłek do szkoły, zamiast dawać pieniądze na jedzenie,
- zapytaj, czy było głodne lub spragnione i czy wystarczyło mu to, co ze sobą zabrało,
- zobacz, jakim asortymentem dysponuje sklepik szkolny i w razie konieczności interweniuj,
- sprawdź ofertę szkolnej stołówki, zawsze można coś zmodyfikować,
- zachęcaj do organizowania edukacji żywieniowej na terenie szkoły.

Reklamowany, czyli dobry?

Najczęściej niestety tak nie jest. Nie znam reklam świeżych owoców, warzyw, płatków owsianych czy kasz, które na co dzień powinny zajmować szczególnie ważne miejsce w diecie dziecka.

Po chwili zastanowienia można stwierdzić, że większość intensywnie reklamowanych produktów nigdy nie powinna pojawić się na naszym talerzu. Zazwyczaj są to produkty wysoko przetworzone, przynajmniej z kilkoma „E" w składzie, dużą ilością tłuszczu, cukru i nie wiadomo czego jeszcze.

Niestety, wpływ mediów na nasze zachowanie i dokonywane wybory jest olbrzymi. Szczególnie mocno reklama, czyli skondensowana, kolorowa i atrakcyjna treść, działa na maluchy. Dzieciaki lubią bajki i często spędzają kilka godzin dziennie przed telewizorem bądź komputerem, a w tym czasie zasypywane są nachalnymi reklamami wszystkiego. Dlatego tak ważne jest, żeby rozmawiać z dzieckiem o dobrym jedzeniu, smakowaniu i zabawie, jaka temu towarzyszy. Trzeba je powoli przekonywać, że to, co jemy, ma znaczenie.

Starsze dzieci nauczmy czytać etykiety produktów, porównywać ich składniki. W ten sposób nabiorą nawyku wybierania produktów na podstawie ich składu, a nie atrakcyjnego opakowania z ulubionym bohaterem czy określonej marki.

Kto ma wpływ na dietę dziecka?

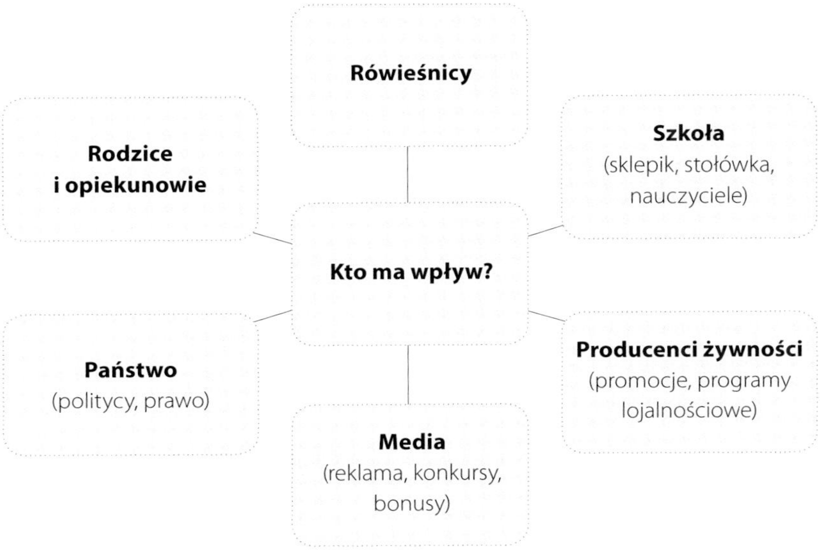

Rozdział 10 Co ma jeść moje dziecko?

Przede wszystkim powinny to być najlepsze, najbardziej naturalne, lokalne i proste produkty. Świeże, przygotowane w domu, z sercem i ze starannością. Dostosowane do wieku i upodobań dziecka. Maluchy cały czas rosną i wciąż rozwijają swoje układy – od nerwowego po trawienny. W związku z tym pragnę, żebyś – świadomy rodzicu – zapamiętał, a może zapisał lub powiesił sobie na lodówce taką listę:

- ważna jest jakość produktów, najlepsze są te z upraw ekologicznych,
- mięso najlepszej jakości i jego przetwory należy ograniczać, nalepiej serwować je na obiad 2 razy w tygodniu,
- nabiał, nawet najlepszej jakości, jest bardzo odżywczy, ale też wychładzający,
- różnorodność produktów jest pożądana, jednak zawsze może zdarzyć się okres buntu lub monotonii,
- dzieci intuicyjnie nie łączą pewnych grup pokarmów w jednym posiłku, pozwól im na to (np. węglowodany z białkiem zwierzęcym, chętniej zjedzą ziemniaki z surówką niż z kotletem),
- dzieci wolą niewielkie porcje, upewnij się jedynie, że są sycące,
- kupuj sezonowe produkty, są najlepsze wtedy, gdy się rodzą,
- zachowuj odstępy czasowe pomiędzy posiłkami, nie można przecież nieustannie jeść,
- lekkostrawne jedzenie jest kluczem do sukcesu, bo tylko strawione zostanie przyswojone przez organizm,
- dzieci na ogół dobrze trawią gotowane produkty, podane na ciepło, z dodatkiem surowych warzyw i owoców,
- naturalnie słodki smak znajdziesz w owocach, warzywach i zbożach,
- postaw na naturalne przyprawy, dodawane z rozwagą, maleńkimi szczyptami,
- niewielkie przekąski są mile widziane, w końcu dzieci mają mały żołądek,
- śniadania na ciepło są koniecznością, rozgrzeją i obudzą organizm do całodziennej aktywności,
- słodycze nigdy nie mogą być nagrodą i nie są lepsze od „zwykłego" jedzenia,
- ważna jest miłość, troska i świadomość, że dziecko jest takim samym człowiekiem jak my, rodzice,
- każdy ma prawo do gorszego dnia lub zwyczajnie może nie mieć na coś ochoty,
- podając maluchowi jedzenie, zrób to ładnie – na talerzyku lub ozdobnej deseczce, bo je się najpierw oczami, a dopiero później buzią.

Osobiście bazuję na diecie roślinnej z niewielkim dodatkiem produktów odzwierzęcych, takich jak jaja, masło czy sery. Unikam w diecie produktów oczyszczonych, zbyt dużej ilości pszenicy, glutenu i białego cukru.

Wybieram produkty ekologiczne, certyfikowane lub z zaprzyjaźnionych gospodarstw. Robię tradycyjne przetwory na zimę, dżemy, kiszonki, warzywa w lekko słonej zalewie i przeciery w słoikach. W ten sposób zamykam w słoiku smak lata, słońca i ciepłego wiatru. Wspaniale jest otworzyć taki słoik w zimie i przypomnieć sobie, jak smakuje lato.

Kilka słów o rodzicielskiej miłości

Miłość rodziców do dziecka to nie kupowanie zabawek, choć oczywiście wszyscy lubią dostawać prezenty. To również nie słodycze ani dzień spędzony przed telewizorem i słodka bułka. Prawdziwa miłość to czas, który spędzacie razem, dotyk, czułe słowa, dłoń podana w odpowiednim momencie, szacunek, wyrozumiałość, uwaga i troska. To także odpowiedzialne zakupy, zdrowe nawyki i pyszne, najlepsze z możliwych jedzenie. Przemyślane, przygotowane i serwowane z sercem.

Rozdział 11 Zasady prawidłowej diety

Jak powinna wyglądać dieta dziecka?

Podstawowe zasady są następujące:
- najlepiej 5 posiłków w ciągu dnia,
- zawsze pamiętajmy o śniadaniu po przebudzeniu,
- nigdy nie zapominajmy o drugim śniadaniu,
- ostatni posiłek zjadajmy 2-3 godz. przed snem,
- dbajmy o różnorodność posiłków (niech będą kolorowe!),
- wybierajmy produkty sezonowe.

Aktywność fizyczna

Bardzo cieszę się, że przypisuje się jej coraz większą wagę i coraz bardziej łączy się ją z prawidłowym sposobem żywienia. Nie ma takiego sposobu żywienia, który nie będzie wymagał dawki systematycznego ruchu, tak jak nie ma wysokich osiągnięć sportowych bez prawidłowej diety. Zawsze idzie to w parze i dlatego, aby cieszyć się dobrym zdrowiem oraz nienaganną sylwetką, musimy dbać zarówno o to, co ląduje na naszym talerzu, jak i o to, jak spędzamy wolny czas.

Ruszajmy się z dziećmi, mamy dzisiaj tysiące możliwości – rower, rolki, basen, badminton, gimnastyka, gra w piłkę (nieważne w jaką). Niech sprawia nam to radość i ładuje energią!

Produkty zbożowe

Powinny pojawiać się właściwie we wszystkich posiłkach w ciągu dnia.Są źródłem węglowodanów, a co za tym idzie – źródłem energii. Powinniśmy przede wszystkim wybierać pieczywo z pełnego ziarna, kasze (jaglaną, jęczmienną, gryczaną), makarony razowe, ryż i płatki zbożowe. Są one nie tylko źródłem węglowodanów, ale również witamin (głównie z grupy B), składników mineralnych (m.in. żelaza, magnezu, cynku, potasu) i błonnika.

Błonnik – część pożywienia pochodzenia roślinnego, która nie jest trawiona w przewodzie pokarmowym. Często porównuje się go do „szczotki, która przechodząc przez przewód pokarmowy, czyści go i zabiera niepotrzebne resztki". Odtruwa organizm człowieka (wiąże i usuwa toksyny) oraz reguluje pracę jelit.

Warzywa i owoce

Zaleca się, aby jeść przynajmniej 5 porcji warzyw i owoców w ciągu dnia, czyli powinny być one częścią każdego posiłku. Są źródłem witamin i składników mineralnych oraz błonnika. Jeśli warzywo czy owoc mają jadalną skórkę, starajmy się ich nie obierać, ponieważ często właśnie w zewnętrznej warstwie jest najwięcej składników odżywczych. Ponadto powinniśmy zjadać więcej warzyw niż owoców, które są źródłem cukrów prostych. Ta grupa produktów spożywczych to prawdziwy raj – kolorów, zapachów i smaków. Mamy w czym wybierać i nigdy nie zgodzę się ze stwierdzeniem „moje dziecko nie lubi owoców i warzyw". Każde dziecko lubi przynajmniej 10 produktów z tej grupy, należy je tylko wspólnie z nim znaleźć, a później szukać dalej i nieustająco rozszerzać tę grupę.

Mleko i przetwory mleczne

Powinny być częścią codziennej diety, szczególnie diety dziecka. Są źródłem wapnia, który odgrywa ważną rolę w budowaniu układu kostnego. Każdego dnia sięgajmy po mleko, jogurt, maślanki, kefiry, twarożki, sery. Najlepiej wybierajmy produkty naturalne, bez dodatku cukru, barwników i innych ulepszaczy. Jeśli chcemy podać dziecku jogurt owocowy – zmiksujmy ten naturalny z truskawkami, proste i zdrowe!
Wiele dzieci w Polsce ma nietolerancję bądź alergię na mleko. Jeśli zauważymy u dziecka niepokojące objawy po spożyciu mleka, nie podawajmy mu go więcej i sprawdźmy to u lekarza. Dieta dziecka może być pełnowartościowa i bogata w wapń także po wyeliminowaniu mleka. Należy wtedy sięgać po takie produkty bogate w Ca, jak: zielone warzywa (jarmuż, brokuły), orzechy (laskowe i migdały) i mleczko z nich pozyskiwane, sezam czy mak.

Ryby, mięso, jaja

Ryby, mięso oraz jaja, jak również… warzywa strączkowe są źródłem pełnowartościowego białka, żelaza, cynku i witamin z grupy B. Produkty te powinny pojawiać się w diecie dziecka 1-2 razy dziennie. Najlepszymi rodzajami mięsa dla dziecka będą te chude, czyli drób, cielęcina, rzadziej chuda wołowina. Jeśli chodzi o ryby, to w dziecięcej diecie powinny pojawiać się zarówno tłuste – śledź, makrela, łosoś, węgorz (źródło kwasów omega-3), jak i chude – dorsz, halibut, flądra. Urozmaicajmy dietę dziecka posiłkami bezmięsnymi, w których białko będzie pochodziło z warzyw strączkowych, np. ciecierzycy, soczewicy, fasolki. Jajko po ukończeniu pierwszego roku życia dziecka najlepiej podawać na miękko bądź półmiękko, wtedy jest najbardziej wartościowe.

Tłuszcze

Tłuszcze są źródłem energii oraz składników potrzebnych do prawidłowego rozwoju dzieci. Witaminy A, D, E, K wchłaniają się tylko w obecności tłuszczu – są to tzw. witaminy rozpuszczalne w tłuszczach. Powinniśmy więc spożywać tłuszcze (zarówno te pochodzenia zwierzęcego, np. masło, jak i roślinnego, np. oleje, oliwy – szczególnie na zimno). Najbardziej korzystne dla zdrowia tłuszcze znajdziemy w rybach, orzechach i olejach roślinnych. Jednak nie możemy przeholować z tłuszczem. Pamiętajmy, że spożywamy go w formie „widzialnej" (np. jako olej, masło, tłuszcz w wędlinie), ale też „niewidzialnej" (np. w słodyczach, chipsach, żółtych serach). Zdecydowanie należy ograniczać spożywanie fast foodu i gotowych wyrobów cukierniczych, najczęściej dodaje się do nich najgorszej jakości tłuszcz, który jest źródłem szkodliwych trans kwasów tłuszczowych.

Do smażenia, duszenia czy pieczenia w wysokiej temperaturze nadają się: olej rzepakowy, rafinowana oliwa z oliwek i olej ryżowy. Inne oleje, np. z pestek winogron czy lniany, są rewelacyjne do stosowania na zimno, jako dodatek do sałatek i kanapek.

Woda

Dlaczego to ją powinniśmy pić przede wszystkim? Może dlatego, że buduje nasz organizm i jest konieczna do prawidłowego przebiegu wielu reakcji. A co trzeba zrobić, żeby nasze dzieci chciały ją pić? Sami ją pijmy, wtedy i dla dzieci będzie to czymś całkowicie naturalnym. I wcale nie musi być to nudna woda, można dodać do niej plasterki cytryny czy pomarańczy, cząstki truskawek lub arbuza, maliny, a nawet startego zielonego ogórka. A do tego świeże zioła – mięta, melisa lub stewia (naturalny słodzik). Podajmy taką wodę czasem w fajnym dzbanku, a do szklanek dodajmy kolorowe słomki. W prosty sposób można zrobić z czegoś zwykłego coś zupełnie niezwykłego, a dla dzieci tak trzeba.

Zadbaj, aby dziecko zawsze miało pod ręką butelkę wody – w szkole, na placu zabaw, na wakacjach.

„Puste kalorie"

Są źródłem energii, ale nie wnoszą do diety nic wartościowego. Są zazwyczaj przesycone cukrami prostymi, które szybko się wchłaniają, ale dają energię tylko na krótko, po czym dopadają nas apatia, rozdrażnienie i ochota na… kolejny batonik. Mogą być też źródłem najgorszej jakości tłuszczów, ogromnych ilości soli, barwników, konserwantów i innych niepotrzebnych składników.

Nie możemy jednak mówić dziecku, że nie wolno mu danej rzeczy zjeść, „bo nie". To nie jest wytłumaczenie, w ten sposób nie zbudujemy jego żywieniowej świadomości. Możemy jednak w łatwy sposób pokazać dziecku, o co chodzi. Zademonstrujmy starszym dzieciom, ile kostek lub łyżeczek cukru jest w szklance napoju typu cola, ile soli mają chipsy czy popcorn, a ile tłuszczu pączek. Warto pokazać, ile jabłek moglibyśmy zjeść w zamian za jednego pączka, aby spożyć taką samą liczbę kalorii (1 pączek = ok. 5 małych jabłek).

Zasady przygotowywania i spożywania posiłków:

1. Zaprośmy dziecko do wspólnego przygotowywania posiłku – może pomóc nam coś pokroić, umyć warzywa czy owoce, posmarować masłem chleb na kanapki, nakryć do stołu. Dla dziecka od 3-5 lat wzwyż na pewno znajdzie się coś odpowiedniego i ciekawego.
2. Spożywajmy wspólnie jak najwięcej posiłków – to nie tylko pozwoli nam zarejestrować, co i ile dziecko zjadło, ale również porozmawiać, powiedzieć sobie „dzień dobry" i „dobranoc".
3. Jedzmy przy wspólnym stole, bez telewizora, komputera i innych „zakłócaczy".
4. Niech to będą przyjemne chwile, niech dziecko samo może zdecydować, ile i co zje z oferowanych przez nas produktów. Nie martwmy się, jeśli nie ma akurat ochoty jeść, nie dręczmy go posiłkiem, karami i zakazami lub nagrodami w postaci lodów po obiedzie – zasada musi być prosta, jeśli nie ma ochoty na obiad, to znaczy, że nie jest głodne i nie potrzeba mu ani lodów, ani ciastek. Dziecko ma instynkt samozachowawczy, nie musimy dokarmiać go słodyczami w sytuacji, kiedy odmawia zjedzenia obiadu. Niech ma świadomość, że może zjeść później, jeśli w danej chwili nie ma ochoty.
5. Niech ze wspólnymi posiłkami kojarzą się przyjemne wydarzenia – np. rodzinny piknik lub wspólne pieczenie niedzielnego ciasta. Niech właśnie takie będą wspomnienia dzieci, kiedy dorosną. Bo coraz częściej są takie: wyjście do „żywieniowej sieciówki" na hamburgera i frytki z okazji urodzin…

Najczęściej popełniane błędy żywieniowe:

1. Nadmierna lub zbyt mała ilość żywności spożywanej w ciągu dnia.
2. Mała dawka ruchu.
3. Brak śniadania przed wyjściem z domu.
4. Brak pełnowartościowego drugiego śniadania w szkole.
5. Spożywanie przekąsek przez cały dzień (np. chrupki kukurydziane ciągle w ręku dziecka – nie dziwmy się, że jak się ich naje, to już nie ma ochoty na obiad).
6. Spożywanie słodyczy i/lub wysokosłodzonych napojów każdego dnia (o nagradzaniu dziecka tymi produktami nie wspominając).
7. Zbyt małe spożycie owoców i warzyw w ciągu dnia.
8. Rzadkie spożywanie produktów z pełnego ziarna (w tym kasz).
9. Spożywanie posiłków przed telewizorem bądź komputerem.

Rozdział 13 Ekonomia życia codziennego

To niewiarygodne, jak wiele jedzenia marnuje się w naszych domach. Prawdopodobnie, gdybyśmy zgromadzili w jednym miejscu to wszystko, co po prostu wyrzucamy, okazałoby się, że możemy tym nakarmić kilka osób więcej albo że mogliśmy zaoszczędzić ładnych parę groszy, gdybyśmy kupili mniej. Niezależnie od tego, jaką optykę przyjmiemy, jedno jest pewne: marnować jedzenia po prostu nie warto!

Teraz zadajmy sobie pytanie, jak tego uniknąć. Wspominałem już w rozdziale 5, że trzeba nauczyć się oszacować własne potrzeby i apetyty – tak żeby po prostu nie kupować za dużo. Poza tym naprawdę warto nauczyć się dwóch rzeczy: prawidłowego przechowywania potraw oraz recyklingowania ich.

Co to znaczy? Prosty przykład. Gotuję rosół z kurczaka – na obiad zjadłem zupę, ale nie zjadłem całego mięsa i warzyw, następnego dnia robię więc fantastyczny gulasz albo potrawkę, a jarzyny wykorzystuję do sałatki. Został jeszcze makaron z rosołu? Świetnie! Mieszam go z ulubionymi dodatkami (bazylia, czosnek, wędzona papryka, kawałki ryby albo mięsa – cokolwiek mi przyjdzie do głowy), posypuję odrobiną parmezanu i wkładam na kwadrans do piekarnika. Zapiekanka jak złoto! Wystarczy uruchomić wyobraźnię, sięgnąć po przyprawy, a z wszystkich resztek obiadowych da się zrobić zupełnie nowe danie.

Jeśli nie możemy tego zrobić w danej chwili, bo np. wyjeżdżamy – przekładamy potrawę do plastikowego szczelnego pojemnika i po prostu zamrażamy ją, a potem zużywamy w ciągu miesiąca.

Aby recykling był udany, nie wolno dopuścić do zepsucia jedzenia. Początkującym kucharzom radzę, by zrobili sobie rozpiskę i umieścili ją na drzwiach szafki kuchennej lub lodówki. Teraz dostajecie ode mnie gotową ściągę!

Jak długo można przechowywać jedzenie?

W lodówce:

- jajka – 6 tygodni,
- mleko, kefir, jogurt po otwarciu 2-3 dni,
- pokrojona wędlina – 2 dni,
- suszona kiełbasa – miesiąc,
- ser żółty – tydzień,
- sery pleśniowe i dojrzewające – zgodnie z datą na opakowaniu,
- twaróg – 3-4 dni,
- otwarty majonez – około 2 tygodni,
- otwarta mrożonka – 3 dni,
- świeże warzywa – 3-5 dni,
- wędzone ryby – około 3 dni.

W zamrażalniku:
- wołowina i cielęcina – do 8 miesięcy,
- wieprzowina – do 6 miesięcy,
- mięso mielone – do 2 miesięcy,
- schabowe, gulasz – do 6 miesięcy,
- mięso drobiowe, ryby morskie – do 2 miesięcy,
- ryby słodkowodne – do 3-4 miesięcy,
- owoce – do 5-6 miesięcy,
- warzywa twarde, korzeniowe – do 3-6 miesięcy,
- warzywa miękkie – do 12 miesięcy.

W szafkach:
- chleb – 2-3 dni,
- ocet – kilka lat,
- kasza – 2 miesiące,
- olej roślinny – rok,
- drożdże suszone – rok,
- mąka – 2 miesiące,
- łuskane orzechy – miesiąc,
- konfitury, dżemy, powidła – rok (o ile ich nie otworzymy; otwarte przechowujemy w lodówce do tygodnia),
- olej – 3 miesiące,
- makaron – 3 miesiące,
- miód – 1,5 roku.

Półka górna, miejsce najmniej chłodne.
Tu powinny trafić otwarte słoiki z dżemem, majonezem, keczupem, a także mleko, kefiry i jogurty.

Półka środkowa.
W tym miejscu kładziemy produkty o krótkiej trwałości: krojoną wędlinę, twaróg, pasztet, a także stawiamy garnek z gulaszem czy zupą.

Dolne szuflady.
To idealne miejsce do przechowywania warzyw i owoców. Uwaga: tych mniej trwałych, jak maliny czy truskawki, nie radzę myć przed podaniem. Podobnie rzecz ma się z sałatą i szczypiorkiem. W szufladach warto także trzymać dojrzewające sery.

Boczne półki.
Tutaj mogą trafić jajka, otwarte oleje (oliwy nie przechowujemy w lodówce!), sosy rybne czy ostrygowe, keczup.

I ŚNIADANIA

Waniliowa kasza jaglana

Składniki:

- filiżanka kaszy jaglanej
- dojrzała gruszka
- kilka sezonowych owoców
- łyżka rodzynek
- garść pokruszonych migdałów bez skórki
- łyżka masła klarowanego
- 2 i ½ filiżanki mleka ryżowego z wanilią
- szczypta cynamonu
- szczypta kardamonu
- szczypta soli

Przygotowanie:

1. Kaszę jaglaną płuczemy na gęstym sicie, przelewając kilka razy wrzątkiem.
2. Podprażamy ją w suchym garnku.
3. Zalewamy mlekiem, dodajemy masło klarowane i gotujemy pod przykryciem.
4. W połowie gotowania dodajemy pokrojoną gruszkę, rodzynki, migdały, cynamon, kardamon i sól.
5. Serwujemy posypaną sezonowymi owocami, najlepiej lekko kwaśnymi, takimi jak truskawki.

ZAMIENNIKI: masło można zastąpić olejem kokosowym lub sezamowym.
• Kasza jaglana ma najwięcej żelaza wśród kasz.

Granola

Składniki:

- kilka łyżek płatków owsianych (mogą być żytnie lub jęczmienne)
- garść obranych orzechów laskowych lub włoskich
- kilka migdałów
- łyżka pestek słonecznika
- łyżka pestek dyni
- kilka łyżek miodu

Przygotowanie:

1. Wszystkie suche składniki wrzucamy do miski.

2. Dodajemy miód i dokładnie mieszamy, tak żeby miód wszystko dokładnie oblepił. Całość powinna być delikatnie klejąca.

3. Na pokrytej papierem do pieczenia blasze układamy równomiernie masę z płatków i bakalii.

4. Wstawiamy do piekarnika nagrzanego do 160 stopni i pieczemy kilkanaście minut.

5. Co kilka minut mieszamy masę łyżką, tak żeby równomiernie się opiekła. Miód powinien się lekko skarmelizować.

6. Wyjmujemy blachę i odstawiamy do schłodzenia.

7. Przekładamy całość do szczelnie zamykanego pojemnika lub zakręcanego słoja i chrupiąca granola gotowa!

ZAMIENNIKI: możemy zrobić granolę tylko z jednym rodzajem orzechów lub innymi niż włoskie i laskowe. Używamy takich, jakie lubią nasze dzieci. Jeśli dzieci mają alergię na orzechy, robimy granolę z samymi pestkami.

- Do upieczonej granoli, przed podaniem, możemy domieszać rodzynki, pokrojone w kawałki suszone morele lub śliwki.
- W sezonie letnim, kiedy jest duży wybór świeżych owoców (np. truskawki, borówki, poziomki, jagody, maliny, czereśnie), dodajemy je do codziennej porcji granoli z mlekiem lub jogurtem.
- Przygotowujemy granolę na cały tydzień i przechowujemy ją, a następnym razem możemy zmodyfikować skład, dodając np. sezam lub otręby.

Jajka sadzone na szpinaku

Składniki:

- 2 jajka
- garść świeżego szpinaku
- garść pomidorków koktajlowych
- garść pieczarek
- ⅓ pęczka zielonych szparagów
- świeże zioła, np.: natka pietruszki, koperek, bazylia
- kilka kromek bagietki (może być czerstwa)
- ½ kostki masła
- sól i świeżo mielony pieprz

Przygotowanie:

1. Dokładnie myjemy warzywa.
2. Odłamujemy zdrewniałe końcówki szparagów, obieramy je i dzielimy na 3 części.
3. Pomidorki dzielimy na pół.
4. Rozpuszczamy 2 łyżki masła i smażymy porwane niedbale kawałki bagietki, aż będą rumiane i chrupiące, zdejmujemy z ognia i odstawiamy na bok.
5. Na tej samej patelni smażymy kolejno szparagi i pieczarki. Następnie łączymy je ze sobą, dodajemy pomidorki koktajlowe i szpinak, a całość doprawiamy świeżymi ziołami, solą i pieprzem.
6. Podsmażamy wszystko kilka minut i dodajemy przygotowane grzanki. Całość trzymamy w cieple.
7. Na oddzielnej patelni smażymy na maśle jajka. Podajemy je na przygotowanych wcześniej warzywach z grzankami.

- Możemy użyć dowolnych warzyw, na które aktualnie jest sezon – świetnie sprawdzą się także cukinia, papryka, por czy jarmuż.

Pesto zielone z pietruszki

Składniki:

- garść obranych migdałów
- opcjonalnie 2-3 łyżki startego na drobnej tarce twardego sera *grana padano* lub *parmigiano*
- 10 łyżek oliwy z oliwek
- 2 ząbki czosnku
- szczypta kolorowego pieprzu
- szczypta soli lub łyżeczka sosu sojowego Tamari
- duży pęczek natki pietruszki lub 2 mniejsze

Przygotowanie:

1. Migdały podprażamy na suchej patelni.
2. Pachnące przekładamy do pojemnika.
3. Następnie dolewamy oliwę i chwilę czekamy.
4. Dodajemy świeży czosnek, kolorowy pieprz, sól lub sos Tamari i natkę pietruszki.
5. Wszystko blendujemy i odstawiamy do przegryzienia.

Czerwone pesto

Składniki:

- łyżka obranych migdałów
- łyżka nerkowców
- 10 łyżek oliwy z oliwek
- ząbek czosnku
- szczypta czarnego pieprzu (opcjonalnie)
- szczypta soli
- 12 suszonych pomidorów w zalewie
- łyżeczka przecieru pomidorowego
- garść świeżej bazylii

Przygotowanie:

1. Migdały i orzechy podprażamy na suchej patelni.
2. Przekładamy całość do wysokiego pojemnika.
3. Zalewamy oliwą.
4. Dodajemy pozostałe składniki.
5. Całość miksujemy, doprawiając w razie potrzeby szczyptą czarnego pieprzu.

Pasta słonecznikowa z rukolą

Składniki:

- niecała szklanka pestek słonecznika
- garść rukoli
- mała czerwona cebula
- ½ jabłka
- łyżka soku z jabłek
- łyżka sosu sojowego Tamari
- świeżo mielony pieprz
- szczypta majeranku
- 3 łyżki oleju rydzowego
- kilka kropli soku z cytryny

Przygotowanie:

1. Pestki słonecznika prażymy na suchej patelni.
2. Pokrojoną połówkę jabłka podprażamy na drugiej patelni.
3. Dodajemy pokrojoną cebulę, świeżo mielony pieprz, szczyptę majeranku i razem dusimy.
4. Do wysokiego naczynia wyciskamy kilka kropli soku z cytryny i wrzucamy świeżą rukolę.
5. Chwilę czekamy i dodajemy sok jabłkowy, uprażone pestki słonecznika, olej rydzowy, uduszoną cebulę z jabłkiem.
6. Wszystko miksujemy blenderem na jednolitą masę.
7. Dodajemy sos sojowy i mieszamy całość raz jeszcze.

ZAMIENNIKI: z serów możemy zrezygnować.

- Pasty nadają się również jako dodatek do makaronu; łącząc te składniki, stworzymy świetny lunch!

Placki owsiane

Składniki:

- ½ szklanki mleka owsianego z wanilią
- łyżeczka rodzynek
- 3 pokrojone morele lub utarte jabłko
- łyżeczka nasion sezamu
- 6 łyżek płatków owsianych
- szczypta utartej skórki z limonki
- łyżka oleju kokosowego

Przygotowanie:

1. Do miski wkładamy płatki owsiane i dodajemy resztę składników (oprócz mleka).

2. Zalewamy całość mlekiem i odstawiamy na mniej więcej 15 minut.

3. Masę mieszamy i smażymy na rozgrzanej patelni, formując łyżką okrągłe placki.

4. Podsmażamy placki z obu stron, delikatnie przewracając łopatką.

5. Serwujemy z lekko kwaśną konfiturą, najlepiej na ciepło.

ZAMIENNIKI: możemy użyć mleka krowiego i oleju rzepakowego.

Koktajl owocowy

Składniki:

- kilka truskawek
- kilka malin
- kilka borówek
- szklanka jogurtu naturalnego (ew. szklanka soku z jabłek lub pomarańczy)

Przygotowanie:

1. Wszystkie składniki dokładnie miksujemy w wysokim pojemniku i gotowe.

2. Podajemy w wysokich szklankach ze słomką lub bez.

ZAMIENNIKI: jogurt możemy zastąpić mlekiem roślinnym.
- Koktajl możemy stworzyć praktycznie z każdego owocu, świetnie nadają się banany, ananasy, pomarańcze, brzoskwinie.
- To sposób na niejadka, aby pożywnie zaczął dzień.

Qu
Qué hay sobre mi?
3
Es una oruga.
4

Dahl z soczewicą i pomidorami

Składniki:

- 2 szklanki czerwonej soczewicy
- biała cebula
- 2-3 ząbki czosnku
- mała papryczka chili
- 250 g pomidorów pelati krojonych w kostkę
- 2-3 cm korzenia świeżego imbiru
- szczypta ziaren kolendry
- szczypta ziaren kminu rzymskiego
- szczypta cynamonu
- sok z limonki
- ½ pęczka świeżej kolendry
- sól, czarny pieprz
- woda lub bulion (tyle, aby przykryły składniki)
- kilka łyżek oleju do smażenia

Do podania:

- 2 łyżki masła
- 2 białe cebule

Przygotowanie:

1. Cebulę obieramy i kroimy w drobną kostkę.
2. W rondlu rozgrzewamy olej i szklimy cebulę. Dodajemy drobno posiekane czosnek i chili oraz utarty imbir.
3. Dorzucamy także kmin rzymski i ziarna kolendry.
4. Smażymy na małym ogniu jeszcze 2-3 minuty, uważając, żeby nie przypalić czosnku.
5. Zalewamy wszystko wodą lub delikatnym bulionem, gotujemy.
6. Dodajemy czerwoną soczewicę i pomidory pelati.
7. Gotujemy, aż soczewica będzie miękka.
8. Doprawiamy dahl sokiem z limonki, solą i czarnym pieprzem oraz cynamonem.
9. Przed podaniem dodajemy drobno posiekaną świeżą kolendrę.
10. Na wierzch sypiemy łyżkę drobno posiekanej cebuli smażonej na maśle.

- Dahl jest potrawą o dosyć zdecydowanym smaku, młodszym dzieciom lepiej zmniejszyć ilość aromatycznych przypraw.

Ryż na słodko

Składniki:

- filiżanka ryżu basmati
- 2 filiżanki wody
- łyżeczka masła klarowanego
- 4 śliwki
- szczypta cynamonu
- szczypta kardamonu
- 2-3 łyżki mleka ryżowego lub migdałowego
- łyżeczka obranych orzechów laskowych

Przygotowanie:

1. Ryż płuczemy na gęstym sicie.
2. Podprażamy w suchym garnku, dodajemy szczyptę kardamonu i wodę.
3. Gotujemy pod przykryciem, aż w 80% wchłonie wodę.
4. Odstawiamy na chwilę, żeby „doszedł".
5. Śliwki podsmażamy delikatnie na maśle ze szczyptą cynamonu, dolewając mleko.
6. Orzechy rozgniatamy i podprażamy na suchej patelni.
7. Do śliwek dokładamy ryż, mieszamy i serwujemy danie posypane orzechami.

ZAMIENNIKI: masło zamieniamy na olej kokosowy; z orzechów rezygnujemy lub zamieniamy na pestki słonecznika lub sezam; zamiast śliwek możemy użyć innych owoców, np. bananów, nektarynek lub ananasów.

- Do ryżu, podczas gotowania, możemy dodać też ulubione suszone owoce.

Ryż imbirowy

Składniki:

- filiżanka ryżu basmati
- 2 filiżanki wody
- kawałek świeżego imbiru
- łyżka masła
- łyżka pestek słonecznika
- szczypta świeżego majeranku
- łyżeczka sosu sojowego Tamari (bez glutenu)

Przygotowanie:

1. Ryż płuczemy na gęstym sicie.
2. Podprażamy go w suchym garnku, dodajemy plaster imbiru i wodę.
3. Gotujemy pod przykryciem, aż w 80% wchłonie wodę.
4. Odstawiamy na chwilę, żeby „doszedł".

5. Podprażamy pestki słonecznika na suchej patelni.

6. Do miski wkładamy ryż, dodajemy masło, uprażone pestki słonecznika, świeży majeranek i sos sojowy.

- Świetnie smakuje z pomidorkami koktajlowymi, a majeranek możemy zastąpić natką pietruszki bądź koperkiem.

Omlet z warzywami

Składniki:

- 1/3 cukinii
- 1/3 żółtej papryki
- 3 młode ziemniaki
- garść listków natki pietruszki
- garść piórek koperku
- 1/2 kostki masła
- 3 jajka z chowu ekologicznego
- sól i świeżo mielony pieprz

Przygotowanie:

1. Młode ziemniaki dokładnie szorujemy pod bieżącą wodą.
2. Gotujemy na średnim ogniu, w osolonej wodzie.
3. Warzywa oraz zioła myjemy i suszymy.
4. Cukinię kroimy w niewielką kostkę, paprykę podobnie.
5. Zezłacamy warzywa – każde oddzielnie, na łyżce masła.
6. Do miski wbijamy jajka, doprawiamy je solą i pieprzem, a także świeżo siekanymi natką pietruszki i koprem, dokładnie całość mieszając.
7. Do zawiesiny dodajemy przesmażone warzywa i ziemniaki, pokrojone na kawałki wielkości kęsa.
8. Omlet smażymy na łyżce masła, na średnim ogniu pod przykryciem, aż masa jajeczna się zetnie.

ZAMIENNIKI: masło możemy zastąpić olejem rzepakowym.

- W zależności od sezonu możemy wykorzystać różne warzywa – świetnie sprawdzą się: burak liściasty – mangold, młody koper włoski, grzyby lub sałata rzymska.
- Serwujemy z lekką sałatą – łączymy różne liście: mizunę, sałatę dębową, musztardowca, rukiew wodną, botwinę, szpinak, a tuż przed podaniem polewamy winegretem z oliwy i soku z cytryny, doprawionego solą, pieprzem oraz ewentualnie świeżymi ziołami.

Tofu z pomidorami i szpinakiem

Składniki:

- garść świeżego szpinaku
- rzodkiewki
- pomidor
- szczypior
- szalotka
- ząbek czosnku
- 2 łyżeczki masła klarowanego
- szczypta pieprzu
- szczypta soli lub kilka kropli sosu sojowego Tamari
- 200 g tofu

Przygotowanie:

1. Szpinak i pozostałe warzywa dokładnie myjemy, pomidora obieramy ze skóry.

2. Na patelni rozpuszczamy masło, wrzucamy posiekaną szalotkę, czosnek i szklimy całość.

3. Dodajemy rzodkiewki, pokrojone w drobną kostkę tofu, sól lub sos sojowy, pieprz i podsmażamy.

4. Kolejno na patelnię wrzucamy szpinak i pomidora, chwilę wszystko przesmażając.

5. Na koniec posypujemy danie posiekanym szczypiorem i dekorujemy świeżymi dodatkami.

ZAMIENNIKI: masło możemy zastąpić oliwą, olejem rzepakowym lub kokosowym.
- Tofu produkuje się z mleka sojowego, jest więc świetnym źródłem białka. Ma neutralny smak, który możemy zmieniać, dodając przyprawy. Ten ciekawy produkt powinien urozmaicać dietę nie tylko wegetarian, ale także wszystkich mięsożerców.

Gomasio

Składniki:

- łyżka siemienia lnianego
- łyżka sezamu
- łyżeczka różowej soli kamiennej
- opcjonalnie: łyżeczka wodorostów *nori*

Przygotowanie:

1. Wszystkie produkty podprażamy na suchej patelni, aż nabiorą złotego koloru i orzechowego zapachu.
2. Jeszcze ciepłe zgniatamy w moździerzu.
3. Przesypujemy do szklanego pojemnika.

- Możemy zmniejszyć ilość soli w przepisie.
- Zwykła kanapka lub świeże pomidory świetnie smakują z tą aromatyczną posypką.

Kremowa owsianka z gruszką i orzechami

Składniki:

- ½ szklanki suchej owsianki
- 1 i ½ szklanki wody
- 1 i ½ szklanki mleka
- 2 łyżeczki masła
- łyżka miodu
- 2 gruszki
- garść orzechów laskowych
- garść suszonej żurawiny
- laska cynamonu
- gwiazdka anyżu
- 3 łyżki brązowego cukru

Przygotowanie:

1. Jedną gruszkę kroimy w cienkie plasterki, używając noża albo obieraczki do warzyw, i odkładamy na bok. Drugą gruszkę dzielimy na ćwiartki, pamiętając o wycięciu gniazda nasiennego.

2. Na patelnię wsypujemy brązowy cukier i dodajemy łyżeczkę wody. Podgrzewamy do momentu, aż powstanie złocisty karmel (uwaga, jest bardzo gorący!). Ostrożnie dodajemy pokrojoną na ćwiartki gruszkę i smażymy w karmelu po minucie z każdej strony. Na koniec dodajemy łyżeczkę masła.

3. Przekładamy cząstki gruszki do miski i odstawiamy do wystygnięcia.

4. Do dużego rondla wsypujemy suchą owsiankę, następnie dodajemy mleko i wodę. Stawiamy na średnim ogniu. Dodajemy miód, anyż i cynamon.

5. Gotujemy owsiankę 10-15 minut, mieszając, żeby się nie przypaliła. Jeśli konsystencja będzie za gęsta, dodajemy odrobinę mleka i łyżeczkę masła. Odstawiamy na 2 minuty.

6. Nakładamy owsiankę do miseczek, dodajemy orzechy, żurawinę oraz wcześniej przygotowane gruszki – świeżą i karmelizowaną.

Kasza jaglana lub quinoa z owocami, kolorowym pieprzem i wiórkami kokosowymi

Składniki:

- 200 g kaszy jaglanej lub quinoa
- garść truskawek
- 4 brzoskwinie
- 20 g masła
- 2 łyżeczki cukru trzcinowego
- 2 łyżki świeżych wiórków z kokosa
- szczypta kolorowego pieprzu
- szklanka soku jabłkowego
- szklanka wody

Przygotowanie:

1. Gotujemy wodę z sokiem jabłkowym.
2. Wrzucamy opłukaną kaszę jaglaną lub quinoę, delikatnie mieszamy i gotujemy kilka minut pod przykryciem.
3. Następnie odkrywamy garnek i gotujemy do całkowitego odparowania płynu, delikatnie mieszając.
4. Dokładnie płuczemy owoce.
5. Z brzoskwiń usuwamy pestki, kroimy je na kawałki.
6. Truskawki i brzoskwinie podsmażamy na maśle z dodatkiem cukru, aż delikatnie się skarmelizują.
7. Owoce z powstałym sosem układamy na kaszy lub quinoi.
8. Podajemy ze świeżymi wiórkami z kokosa i szczyptą mielonego kolorowego pieprzu.

ZAMIENNIKI: masło możemy zamienić na olej z lnianki, sezamowy lub słonecznikowy tłoczony na zimno.

- Quinoa, czyli komosa ryżowa, świetnie zastąpi ryż czy ziemniaki również w daniach wytrawnych. Pamiętajmy, aby urozmaicać swoją dietę, w ten sposób dostarczymy organizmowi wszystkich niezbędnych składników, unikając żywieniowej nudy.

Smoothie jaglane

Składniki:

- 3-4 łyżki kaszy jaglanej
- garść świeżych truskawek
- kilka kawałków rabarbaru
- łyżeczka brązowego cukru
- ½ szklanki mleka ryżowego/waniliowego/orzechowego
- szczypta cynamonu

Przygotowanie:

1. Kaszę jaglaną przelewamy na gęstym sicie wrzątkiem.
2. Podprażamy ją w suchym garnku i gotujemy pod przykryciem w wodzie w proporcji 1:2.
3. Rabarbar podsmażamy z cukrem.
4. Truskawki dokładnie płuczemy i usuwamy z nich szypułki.
5. Wszystkie składniki miksujemy na jednolitą masę, dolewając tyle mleka, żeby smoothie dało się wypić przez słomkę.

- Zgodnie z sezonem wybierajmy różne owoce.
- Smoothie uda się z każdym innym rodzajem mleka oraz z ulubionymi owocami.

MLEKA SMAKOWE

Mleko jaglane z dodatkiem migdałów

Składniki:

- szklanka ugotowanej kaszy jaglanej
- filiżanka migdałów
- 3-4 szklanki ciepłej przegotowanej wody
- opcjonalnie: łyżeczka słodu daktylowego/syropu klonowego

Przygotowanie:

1. Migdały zalewamy wodą na mniej więcej godzinę.
2. Dokładamy pozostałe składniki.
3. Dokładnie całość blendujemy.
4. Wykładamy na złożoną gazę.
5. Wyciskamy mleko nad pojemnikiem.

Mleko ryżowe

Składniki:

- ½ szklanki ryżu basmati/brązowego/jaśminowego
- łyżeczka organicznego oleju kokosowego
- naturalna wanilia
- szczypta cynamonu
- szczypta kardamonu
- 10 szklanek wody

Przygotowanie:

1. Ryż wsypujemy na wysoką patelnię i prażymy na oleju kokosowym z dodatkiem wanilii, cynamonu i kardamonu.
2. Zalewamy całość wodą.
3. Gotujemy na niewielkim ogniu pod przykryciem około godziny, co jakiś czas mieszając.
4. Wykładamy całość na gęste sito lub złożoną gazę i przecieramy mleko do szklanego naczynia.

Mleko migdałowo-orzechowe

Składniki:

- szklanka migdałów
- szklanka orzechów laskowych
- 4 szklanki przegotowanej wody

Przygotowanie:

1. Migdały i orzechy zalewamy wodą, zostawiamy je na noc.
2. Całość dokładnie miksujemy.
3. Wyciskamy mleko do pojemnika przez złożoną gazę.

- Takie mleko może postać w lodówce 3-5 dni.
- Wszystkie mleka roślinne możemy wykorzystać do sporządzenia owocowego koktajlu, miksując je z sezonowymi owocami, np. z malinami, czereśniami, truskawkami.
- Jest to także świetna baza porannej owsianki. W wersji schłodzonej rewelacyjnie sprawdzi się jako orzeźwiający napój.

Twarożki śniadaniowe

Składniki:

- kawałek twarogu półtłustego lub chudego
- kilka łyżek jogurtu naturalnego
- szczypta soli
- szczypta czarnego pieprzu

Przygotowanie:

1. Twaróg ucieramy z jogurtem.
2. Delikatnie doprawiamy do smaku solą i czarnym pieprzem.
3. Mieszamy masę serową z pokrojonymi, ulubionymi dodatkami.

Dodatki:

- rzodkiewki
- ogórki
- kolorowa papryka
- kolorowe pomidory
- czerwona cebula
- świeże zioła: szczypior, koperek, natka pietruszki, kolendra, bazylia
- dobra oliwa lub oleje z pierwszego tłoczenia: rzepakowy, lniany, z pestek dyni, słonecznikowy

- Wszystkie dodatki możemy dowolnie ze sobą łączyć, tworząc to danie np. razem z dziećmi. Niech same dobiorą swoje ulubione dodatki spośród świeżych warzyw i ziół.

Hummus ze śliwką

Składniki:

- szklanka ciecierzycy
- duży ząbek czosnku
- 7 łyżek oliwy z oliwek lub oleju sezamowego
- szczypta kuminu
- duża szczypta majeranku
- szczypta czarnego pieprzu
- łyżka pasty tahini
- 2 suszone śliwki
- łyżka sosu Tamari
- ¼ szklanki wody (opcjonalnie)

Przygotowanie:

1. Ciecierzycę zalewamy wodą i moczymy przez noc.
2. Odlewamy, płuczemy i zalewamy świeżą wodą do wysokości 5 cm powyżej ziaren.
3. Dodajemy szczyptę kuminu i gotujemy do miękkości, nie odlewając wody.
4. Do garnka wkładamy pozostałe składniki.
5. Miksujemy wszystko na jednolitą masę za pomocą blendera, a jeśli będzie trzeba, dolewamy odrobinę wody.
6. Odstawiamy całość do przegryzienia.

- Możemy pominąć suszone śliwki.
- Pamiętajmy, że suchą ciecierzycę należy moczyć (najlepiej całą noc) przed gotowaniem.

Miks bakaliowy

Składniki:

- migdały ze skórką
- orzechy nerkowca
- orzechy laskowe
- orzechy brazylijskie
- orzechy włoskie
- suszone żurawiny
- suszone jagody goji
- suszona biała morwa
- suszone w słońcu morele
- daktyle
- suszone wiśnie

Przygotowanie:

1. Łączymy ze sobą po małej garści 2-3 rodzaje orzechów oraz kilka rodzajów suszonych owoców, całość dokładnie mieszamy w miseczce.

2. Mieszankę wkładamy do szkolnej śniadaniówki zamiast czegoś słodkiego, pamiętając, aby nie przesadzić z ilością – bakalie to bardzo bogate źródło tłuszczów i węglowodanów, niewiele trzeba, by przyjąć solidną dawkę kalorii.

- To jest ten rodzaj dania, którego recepturę możemy stworzyć sami, w zależności od tego, co mamy pod ręką lub jakie bakalie lubią nasze dzieci. Wymieniłem przykładowe, najpopularniejsze pozycje z lokalnych sklepów. Co ważne – zwracajmy uwagę na źródło pochodzenia bakalii, ich jakość, a także na to, aby nie były konserwowane siarczanami.

Stiksy z warzyw

Składniki:

- średnia marchewka
- średni zielony ogórek
- 2-3 łodygi selera naciowego
- kawałki kolorowej papryki (zielonej, czerwonej i żółtej)
- kilka rzodkiewek
- szczypior
- kawałek twarogu (może być półtłusty lub chudy)
- kilka łyżek jogurtu naturalnego
- szczypta soli
- szczypta czarnego pieprzu
- 1-2 łyżki dobrej oliwy lub oleju rzepakowego z pierwszego tłoczenia

Przygotowanie:

1. Marchewkę myjemy i obieramy.
2. Ogórka kroimy na pół i czyścimy z gniazda nasiennego.
3. Łodygi selera naciowego myjemy i obieramy z włókien.
4. Myjemy i suszmy rzodkiewki i szczypior.
5. Marchewkę, ogórka, paprykę i seler kroimy w długie paski o grubości 1 cm (tak żeby uzyskać efekt dość grubych warzywnych paluszków).
6. Twaróg łączymy z jogurtem naturalnym, powinien mieć dość rzadką konsystencję.
7. Dodajemy posiekane drobno szczypior i rzodkiewkę.
8. Doprawiamy do smaku solą i czarnym pieprzem.
9. Na koniec dodajemy oliwę albo olej rzepakowy.
10. Całość dokładnie mieszamy.
11. Odstawiamy na kilka minut, żeby smaki dobrze się przegryzły.
12. Podajemy z paluchami warzywnymi jako zdrową, chrupiącą przekąskę.

- Możemy użyć również białej rzepy czy kalarepy.

Domowe, surowe batony z truskawkami

Składniki:

- garść migdałów
- garść orzechów laskowych
- ok. 200 g mąki migdałowej (migdały zmielone w młynku do kawy)
- 4 suszone śliwki
- 8 suszonych daktyli
- filiżanka mleka migdałowego/ryżowego lub soku jabłkowego
- szczypta kardamonu
- szczypta soli
- sok + utarta skórka z ½ limonki
- garść truskawek, w sezonie świeżych, po sezonie mrożonych
- 3 łyżki kakao

Przygotowanie:

1. Migdały, orzechy i suszone owoce moczymy w mleku lub soku.
2. Mielimy na jednolitą masę.
3. Jeśli jest taka potrzeba, dodajemy kilka łyżek mąki migdałowej, by zagęścić masę.
4. Dodajemy sok i skórkę z limonki, kakao, kardamon, sól i dokładnie mieszamy.
5. Możemy wkroić kilka truskawek.
6. Jeszcze raz całość delikatnie mieszamy.
7. Powstałą bardzo gęstą masę przekładamy do wyłożonego papierem do pieczenia płaskiego pojemnika.
8. Masę dociskamy i wstawiamy do lodówki, najlepiej na całą noc.
9. Rano możemy kroić batony i serwować lub zabrać je ze sobą na spacer.

- W sezonie zmieniajmy świeże owoce, wybierając te kwaskowe, które będą dobrze przełamywały słodki smak.
- Chcąc zrobić czekoladowe batoniki, dosypujemy trzy razy więcej kakao albo oblewamy masę ostudzoną rozpuszczoną gorzką czekoladą.

Chleb bananowy

Składniki:

- 3 dojrzałe banany
- łyżka orzechów laskowych
- łyżka obranych migdałów
- 5 dużych śliwek, świeżych bądź suszonych
- łyżka oleju sezamowego
- 3 łyżki mąki migdałowej
- 3 łyżki mąki gryczanej
- szczypta cynamonu
- szczypta kardamonu
- szczypta czerwonego pieprzu
- szczypta różowej soli
- kilka kropli soku z pomarańczy (świeżo wyciśniętego)
- łyżeczka brązowego cukru (*muscovado*) do posypania po wierzchu

Przygotowanie:

1. Banany obieramy i rozgniatamy widelcem.
2. Orzechy i migdały miażdżymy w moździerzu.
3. Śliwki drobno kroimy.
4. Wszystkie składniki dokładnie mieszamy.
5. Niewielką blachę tortową (średnica 16-20 cm) wykładamy papierem do pieczenia i przelewamy do niej ciasto.
6. Ciasto posypujemy na wierzchu cukrem.
7. Wstawiamy do nagrzanego piekarnika (180 stopni) na mniej więcej 25 minut.

ZAMIENNIKI: orzechy można zastąpić pestkami słonecznika.
- W porównaniu z tradycyjnym chlebem jest wilgotniejszy i słodszy, dzieci go uwielbiają.

Ciasto marchewkowe

Składniki:

- 3 duże marchewki
- garść migdałów
- garść orzechów laskowych
- łyżka masła orzechowego
- 2 łyżki śmietanki kokosowej
- pełna łyżeczka sody oczyszczonej
- łyżka syropu daktylowego/ brązowego cukru
- szczypta cynamonu
- szczypta kardamonu
- szczypta utartej skórki z cytryny
- 5 łyżek mąki kukurydzianej
- 3 łyżki oleju sezamowego

Przygotowanie:

1. Marchewki myjemy, obieramy i ścieramy na tarce na grubych oczkach.

2. Migdały i orzechy rozgniatamy w moździerzu i dodajemy do marchewki.

3. Dodajemy pozostałe składniki i dokładnie mieszamy.

4. Okrągłą formę do ciasta (średnica ok. 16 cm) smarujemy olejem lub wykładamy papierem do pieczenia, wypełniamy ją ciastem.

5. Wstawiamy ciasto do nagrzanego piekarnika (180 stopni) na mniej więcej 40 minut.

- Upieczony placek, dla urozmaicenia, możemy przeciąć w poprzek na pół i posmarować ubitą śmietanką kokosową lub serkiem ricotta – najlepiej domowym, do którego przygotowania potrzeba jedynie pasteryzowanego mleka, śmietanki 36%, w proporcji 2:1, nieco kwasku cytrynowego, soli i cukru.

Sałatka na wynos

Składniki:

- 2 garście makaronu razowego
- 4 rzodkiewki
- 5-6 pomidorków koktajlowych
- garść pestek dyni
- kilka gałązek natki pietruszki
- 5-6 kropli soku z cytryny
- 2-3 łyżki oliwy
- sól

Przygotowanie:

1. Makaron gotujemy w lekko osolonej wodzie – powinien być lekko twardy (*al dente*).

2. Pestki dyni prażymy na patelni (będą bardziej chrupiące).

3. Rzodkiewki czyścimy i kroimy w kawałki.

4. Natkę pietruszki drobno siekamy.

5. Umyte pomidorki przekrawamy na połówki.

6. Wszystko dokładnie mieszamy, dodając trochę oliwy.

7. Całość doprawiamy delikatnie solą i sokiem z cytryny.

ZAMIENNIKI: makaron razowy możemy zamienić na ryżowy lub kukurydziany.

Ciasto pomarańczowe z czekoladą

Składniki:

- szklanka mąki migdałowej
- ½ szklanki mąki gryczanej lub jaglanej
- ⅓ szklanki oliwy z oliwek
- duża pomarańcza – miąższ
- sok wyciśnięty z dużej pomarańczy
- szczypta soli
- 1 i ½ łyżeczki sody oczyszczonej
- łyżka słodu daktylowego/ brązowego cukru
- łyżka pokrojonych kawałków gorzkiej czekolady

Przygotowanie:

1. Mąkę przesypujemy do miski.
2. Dodajemy sodę oczyszczoną.
3. Dodajemy słód daktylowy lub cukier i dokładnie mieszamy.
4. Wlewamy sok z pomarańczy, dorzucamy miąższ (bez skórki i błonek) oraz skórkę z połowy pomarańczy utartą na najmniejszych oczkach tarki.
5. Wolno wlewamy oliwę i dodajemy pokrojoną czekoladę, delikatnie mieszając.
6. Okrągłą formę (średnica 16-20 cm) lub małą keksówkę (długość ok. 20 cm) smarujemy olejem lub wykładamy papierem do pieczenia i przekładamy ciasto.
7. Ciasto wstawiamy do nagrzanego piekarnika (180 stopni) na 40-45 minut.
8. Serwujemy z półplasterkami lub cząstkami świeżej pomarańczy.

Tabuleh z pęczaku

Składniki:

- 2 szklanki ugotowanego pęczaku
- 2 pomidory średniej wielkości
- zielony ogórek
- pęczek natki pietruszki
- kilka listków świeżej mięty
- ¼ szklanki soku z cytryny
- 2 łyżki oliwy
- szczypta soli
- szczypta czarnego pieprzu

Przygotowanie:

1. Dokładnie myjemy warzywa.
2. Kroimy wszystko w niedużą kostkę.
3. Drobno siekamy natkę pietruszki i miętę.
4. Wszystko mieszamy z ugotowanym pęczakiem.
5. Dodajemy oliwę i wszystko łączymy.
6. Doprawiamy do smaku solą, czarnym pieprzem i sokiem z cytryny.
7. Sałatkę możemy zapakować do pudełka na drugie śniadanie.

- Zamiast pęczaku możemy wykorzystać kaszę jęczmienną perłową.
- Pozostawiamy wolną rękę co do dodatków. My najbardziej lubimy świeżą natkę pietruszki i kolendrę, świetnie sprawdza się także dodatek kilku listków mięty, ale czemu by nie dodać nieco drobno posiekanego koperku lub skórki utartej z cytryny? Ciekawym dodatkiem mogą okazać się uprażone orzechy laskowe, migdały lub pestki dyni.

Sałatka z ciecierzycy

Składniki:

- szklanka ugotowanej ciecierzycy
- 2 małe buraki (młode w sezonie)
- ½ pomarańczy
- garść orzechów nerkowca
- kilka łodyg świeżej kolendry
- 8 łyżek oliwy
- 2 łyżki soku z cytryny
- opcjonalnie: łyżeczka dobrej jakości delikatnego miodu – wielokwiatowego, z nawłoci, rzepakowego lub lipowego
- sól i świeżo mielony pieprz

Przygotowanie:

1. Buraki dokładnie myjemy i pieczemy w 180 stopniach bądź gotujemy (najlepiej w szybkowarze) do miękkości.
2. Ostudzone buraki obieramy ze skóry i kroimy w cząstki.
3. Nerkowce pieczemy w piekarniku bądź prażymy na suchej patelni.
4. Pomarańczę dokładnie myjemy, obieramy ze skóry i filetujemy za pomocą ostrego noża na małe cząstki.
5. Robimy winegret: oliwę łączymy z sokiem z cytryny, ewentualnie możemy dodać miód, całość doprawiamy solą i pieprzem.
6. Na talerzu układamy ciecierzycę, na niej buraki i cząstki pomarańczy, polewamy winegretem, posypujemy orzechami i zdobimy kilkoma gałązkami kolendry.

- Możemy dodać twarogowy kozi ser lub bryndzę.
- Pamiętajmy, że suche nasiona ciecierzycy należy namoczyć (najlepiej na noc) przed gotowaniem.

OBIADY

Makaron z pesto szpinakowym

Składniki:

- makaron orkiszowy razowy
- duża garść szpinaku
- 2 ząbki czosnku
- szczypta pieprzu
- szczypta różowej soli
- garść migdałów bez skórki
- świeża natka pietruszki
- kozieradka
- ok. ½ szklanki oliwy z oliwek
- garść tartego parmezanu/ *grana padano* (opcjonalnie)

Przygotowanie:

1. Makaron gotujemy zgodnie z instrukcją na opakowaniu – uwaga na czas, żeby go nie rozgotować.
2. Do pojemnika wrzucamy umyty szpinak.
3. Dodajemy świeży czosnek, pieprz, różową sól, natkę pietruszki, kozieradkę.
4. Migdały podprażamy na suchej patelni i dokładamy do pojemnika.
5. Dolewamy oliwę, opcjonalnie garść parmezanu czy *grana padano* i wszystko miksujemy blenderem.
6. Odstawiamy na kilka chwil do przegryzienia.
7. Wykładamy makaron na talerz, dodajemy pesto, mieszamy i podajemy gotowe danie.

ZAMIENNIKI: makaron razowy można zamienić na ryżowy lub gryczany.
- Młodsze dzieci lubią makaron, który można nabić na widelec, dobre będzie np. penne.

Tagliatelle z pieczoną dynią, rozmarynem i parmezanem

Składniki:

- kawałek dyni Muskat
- kilka łyżek miodu
- kawałek masła
- kilka gałązek tymianku
- kilka gałązek rozmarynu
- kilka listków kolorowej bazylii
- kawałek parmezanu
- 1-2 ząbki czosnku
- sól
- czarny pieprz
- 100 g świeżego makaronu *tagliatelle*
- dobra oliwa

Przygotowanie:

1. Dynię kroimy w kawałki.
2. Układamy je na pergaminie.
3. Skrapiamy miodem i posypujemy gałązkami rozmarynu i tymianku.
4. Wstawiamy do nagrzanego do 180 stopni piekarnika i pieczemy do momentu, aż dynia zmięknie i delikatnie się skarmelizuje.
5. Odcinamy skórę dyni, a upieczony miąższ kroimy w średnią kostkę.
6. Na patelni rozgrzewamy masło, dodając pokrojony w cienkie plasterki czosnek.
7. Dodajemy dynię i smażymy kilka minut.
8. Dorzucamy ugotowany *al dente* makaron *tagliatelle*.
9. Całość dokładnie mieszamy.
10. Doprawiamy do smaku solą i czarnym pieprzem.
11. Wykładamy na ogrzany talerz.
12. Na wierzch sypiemy wiórki parmezanu i listki kolorowej bazylii.
13. Skrapiamy dobrą oliwą.

ZAMIENNIKI: z sera możemy zrezygnować; masło możemy zastąpić oliwą; miód możemy zastąpić słodem daktylowym lub brązowym cukrem; zamiast zwykłego makaronu możemy użyć ryżowego bądź gryczanego.

Pizza

Składniki:

- 300 g mąki pszennej typ 750
- 100 g mąki orkiszowej
- szklanka ciepłej wody
- 40 g świeżych drożdży
- płaska łyżeczka soli
- 2 łyżki oliwy
- 200 g pomidorów pelati
- świeże zioła: bazylia, oregano, tymianek, rozmaryn
- 2 ząbki czosnku
- cukier
- sól i świeżo mielony pieprz
- cukinia
- ½ pęczka szparagów
- ½ papryki czerwonej
- ½ papryki żółtej
- garść pieczarek
- garść świeżego szpinaku
- 2 kulki mozzarelli
- kawałek parmezanu

Przygotowanie:

1. Zagniatamy ciasto na pizzę: rozpoczynamy od rozpuszczenia drożdży w połowie wody z łyżeczką cukru, następnie łączymy zaczyn z mąką, dodając sól i oliwę.
2. Wyrabiamy jednolite ciasto.
3. Odstawiamy je do wyrośnięcia, na mniej więcej godzinę.
4. Pomidory pelati miksujemy blenderem, doprawiamy świeżo siekanymi ziołami, roztartymi brzegiem ostrza ząbkami czosnku, solą, pieprzem i szczyptą cukru.
5. Dokładnie myjemy warzywa.
6. Odłamujemy zdrewniałe części szparagów, obieramy je i dzielimy na 3 części.
7. Cukinię kroimy w plastry, papryki w kostkę, a pieczarki w cząstki.
8. Rozgrzewamy piekarnik do 250 stopni.
9. Ciasto dzielimy na pół.
10. Rozwałkowujemy je na 2 cienkie placki, smarujemy sosem pomidorowym i układamy na nim kawałki mozzarelli oraz przygotowane dodatki (poza szpinakiem), posypujemy tartym parmezanem i pieczemy ok. 15 minut, aż boki ciasta będą zrumienione.
11. Po wyjęciu z pieca posypujemy liśćmi szpinaku.

ZAMIENNIKI: miód możemy zastąpić słodem daktylowym lub brązowym cukrem.

Provence

Burger wołowy

Składniki:

- 300 g mielonej wołowiny (najlepiej łopatki)
- świeże zioła: tymianek, rozmaryn, natka pietruszki
- 2 ząbki czosnku
- duży pomidor
- oliwa
- olej rzepakowy
- ocet balsamiczny
- sól i świeżo mielony pieprz

Przygotowanie:

1. Wołowinę doprawiamy świeżymi ziołami, drobno posiekanym i roztartym brzegiem ostrza czosnkiem, solą oraz pieprzem. Wszystko wyrabiamy na jednolitą masę, dodając ewentualnie odrobinę wody.

2. Formujemy kotleciki i smażymy je na oleju lub grillu, aż będą apetycznie rumiane, lecz soczyste w środku.

3. W międzyczasie przygotowujemy salsę: pomidora kroimy w kostkę, doprawiamy posiekaną natką pietruszki, oliwą, octem balsamicznym, solą i pieprzem.

4. Burgery podajemy w bułce, z liściem sałaty oraz pomidorową salsą.

Burger drobiowy z majonezem cynamonowym

Składniki:

- 300 g mielonego mięsa drobiowego (najlepiej podudzia)
- ⅓ papryki
- cytryna
- 2 ząbki czosnku
- ⅓ pęczka natki pietruszki
- ⅓ pęczka kolendry
- 3 łyżki bułki tartej
- jajko
- olej rzepakowy
- musztarda
- cynamon
- sól i świeżo mielony pieprz

Przygotowanie:

1. Paprykę myjemy i kroimy w drobną kostkę, czosnek drobno siekamy i zgniatamy brzegiem ostrza na pastę, natkę też siekamy.

2. Dodajemy wszystko do mielonego mięsa wraz z bułką tartą, doprawiamy skórką z dokładnie umytej i sparzonej cytryny oraz solą i pieprzem.

3. Formujemy kotleciki i smażymy na oleju rzepakowym lub na grillu, aż będą rumiane.

4. W międzyczasie przygotowujemy majonez: żółtko ucieramy z musztardą i sokiem z cytryny, następnie cienkim strumieniem wlewamy, ciągle ubijając, około 200-250 ml oleju, tak żeby powstała emulsja.

5. Doprawiamy całość solą, pieprzem, cynamonem i świeżo siekaną kolendrą.

6. Burgera podajemy w bułce, z liściem sałaty, pomidorem i aromatycznym majonezem.

ZAMIENNIKI: bułkę tartą ze zwykłej bułki zamieniamy na gryczaną (domową, bezglutenową).
- Ciekawą opcją są burgery w wersji mini z dodatkiem ulubionego sosu i np. ogórka świeżego lub kiszonego. Kiszonki wzmacniają odporność, wspierając „dobre bakterie" w jelitach.

Dorszburger

Składniki:

Burger:

- około 300 g filetu z dorsza bez skóry
- małe jajko
- skórka utarta z cytryny
- garść świeżego kopru
- 3 łyżki bułki tartej
- masło
- sól i pieprz

Sos tzatziki:

- 300 g jogurtu greckiego
- świeży ogórek średniej wielkości
- 2 ząbki czosnku
- ½ pęczka świeżej mięty
- 50 ml oliwy extra virgin
- sól i pieprz

Przygotowanie:

Sos tzatziki:

1. Ścieramy ogórka na grubej tarce i solimy, aby pozbyć się nadmiaru wody.
2. Po 10 minutach odciskamy z ogórkowego przecieru zbędną wodę.
3. Mieszamy z jogurtem, rozgniecionym czosnkiem, posiekaną miętą i oliwą.
4. Doprawiamy solą i pieprzem.

Burger:

1. Filet z dorsza parzymy w niewielkiej ilości wody – maksymalnie 2 minuty.
2. Odcedzamy i dzielimy mięso na kawałki.
3. Sparzonego dorsza, jajko, utartą skórkę z cytryny i posiekany koperek wyrabiamy na jednolitą masę.
4. Dodajemy bułkę tartą do uzyskania pożądanej konsystencji.
5. Doprawiamy całość solą i pieprzem.
6. Formujemy niewielkie kotleciki i smażymy na maśle.
7. Serwujemy w bułce, z sałatą i domowym sosem tzatziki.

- W ten sposób w łatwy możemy przemycić do diety dziecka właściwie każdy rodzaj ryby.
- By nadać ciekawej konsystencji, do rybnej masy możemy dodać purée ziemniaczane.

Burger z pęczaku

Składniki:

- szklanka ugotowanej kaszy pęczak
- 5 łyżek masła klarowanego
- jajko (opcjonalnie)
- garść pestek dyni
- łyżka pestek słonecznika
- szczypta nasion kolendry
- nieduży por
- czerwona cebula średniej wielkości
- ząbek czosnku
- szczypta majeranku
- garść świeżego koperku
- łyżeczka sosu sojowego
- bułka pełnoziarnista
- świeża sałata
- świeża rzodkiewka (główka na każdego burgera)
- zielony ogórek lub pomidor
- zielone pesto lub masło
- listki mięty

Przygotowanie:

1. Do miski wykładamy ugotowaną kaszę.
2. Dodajemy podprażone na suchej patelni pestki dyni i słonecznika.
3. Następnie dokładamy zeszklony na maśle por, cebulkę, czosnek z przyprawami, poszatkowany koperek i delikatnie miksujemy. Masa nie powinna być zupełnie gładka. Jeśli jest za mało klejąca, dodajemy jajko.
4. Formujemy kotleciki i smażymy je na maśle z obu stron.
5. Pełnoziarniste bułki podgrzewamy na patelni, żeby były delikatnie chrupiące.
6. Spody bułek smarujemy zielonym pesto lub masłem.
7. Wykładamy na nie usmażone burgery.
8. Na wierzch dodajemy ogórka lub pomidora, liście sałaty i miętę.

ZAMIENNIKI: pęczak z powodzeniem możemy zastąpić kaszą jaglaną; z jajka możemy zrezygnować lub zastąpić je odwarem z gotowanego siemienia lnianego.
- Możemy dodać odrobinę sosu pomidorowego lub posmarować górę bułki pesto, lub zmieszać łyżeczkę miodu z odrobiną musztardy i tak podać.

Pęczak ze szparagami, jajkiem sadzonym i grzybami

Składniki:

- 100 g kaszy pęczak
- ½ pęczka zielonych szparagów
- 2 jajka
- 2 garście pieczarek
- 5 dużych boczniaków
- biała cebula
- natka pietruszki
- 100 g masła
- sos sojowy

Przygotowanie:

1. Pieczarki i boczniaki czyścimy z ewentualnych resztek piasku, a następnie kroimy – pieczarki w cząstki, a boczniaki w paski długości ok. 2 cm.

2. Cebulę siekamy w drobną kostkę.

3. Szparagi dokładnie myjemy pod bieżącą wodą, obieramy z łusek, odłamujemy zdrewniałe końcówki i kroimy na kawałki długości około 4 cm.

4. Na patelni, na maśle smażymy pieczarki, zdejmujemy je z patelni, następnie podsmażamy boczniaki i również odkładamy na bok.

5. Na patelni podsmażamy cebulę, dodajemy szparagi, a gdy zaczną mięknąć, wrzucamy grzyby i ugotowany pęczak.

6. Całość mieszamy, doprawiając sosem sojowym.

7. Po zdjęciu dania z patelni smażymy na niej jajka sadzone i podajemy z kaszą, posypane natką pietruszki.

ZAMIENNIKI: kaszę pęczak możemy zastąpić ryżem, kaszą gryczaną lub jaglaną; masło możemy zastąpić oliwą z oliwek lub olejem rzepakowym.

Risotto z kaszy pęczak

Składniki:

- 300 g ugotowanej kaszy pęczak
- garść groszku cukrowego
- ⅓ pęczka szparagów
- ⅓ żółtej cukinii
- garść pieczarek
- 2 ząbki czosnku
- 30 g sera z niebieską pleśnią
- 4 łyżki dobrej jakości śmietanki 36%
- olej rzepakowy
- świeży tymianek, rozmaryn
- sól lub sos sojowy
- świeżo mielony pieprz

Przygotowanie:

1. Myjemy warzywa.
2. Szparagi pozbawiamy zdrewniałych końcówek, obieramy z odstających łusek i kroimy na 3 kilkucentymetrowe kawałki.
3. Cukinię kroimy w średnią kostkę.
4. Pieczarki czyścimy i dzielmy na cząstki.
5. Czosnek rozgniatamy, pozbawiamy łupiny, drobno siekamy i rozcieramy brzegiem ostrza noża na pastę.
6. Na łyżce oleju krótko przesmażamy kolejno: szparagi, pieczarki, cukinię i groszek.
7. Na koniec łączymy warzywa ze sobą, dodając czosnek, listki tymianku i posiekane igiełki rozmarynu, a gdy uwolnią aromat, dodajemy kaszę, pokruszony kawałek sera i śmietankę (możemy zastąpić ją mlekiem).
8. Gdy ser się rozpuści, doprawiamy całość świeżo mielonym pieprzem i solą bądź odrobiną sosu sojowego.

ZAMIENNIKI: z sera możemy zrezygnować lub zastąpić go nabiałem kozim bez pleśni; ze śmietanki możemy zrezygnować bądź zamienić ją na kokosową, ryżową lub jaglaną; zamiast pęczaku możemy użyć kaszy gryczanej lub jaglanej.

- W zależności od pory roku dobieramy różne rodzaje warzyw, możemy użyć także dobrej jakości wędliny, bawiąc się kolorami, smakami i fakturami – im ciekawiej na talerzu, tym większe prawdopodobieństwo, że twoja pociecha pokocha to danie!

Placki gryczane z ogórkiem

Składniki:

- 3 łyżki ugotowanej kaszy gryczanej
- garść podprażonych pestek dyni
- ząbek czosnku
- cebula dymka z zieloną częścią
- łyżeczka siemienia lnianego
- łyżeczka sezamu
- pokrojony zielony ogórek gruntowy
- szczypta pieprzu
- łyżeczka jasnego sosu sojowego Tamari
- garść pokrojonego koperku
- łyżka wywaru z gotowanego siemienia lnianego lub jajko
- 3 łyżki masła klarowanego lub oliwy do smażenia

Przygotowanie:

1. Kaszę gryczaną płuczemy na sicie, podprażamy, zalewamy wodą w proporcji 1:2 i gotujemy, aż wchłonie całą wodę.

2. Do miski wkładamy ugotowaną kaszę, poszatkowane czosnek i dymkę, pieprz, pestki, ogórka oraz sos sojowy.

3. Wszystko dokładnie mieszamy, dodajemy sezam i siemię lniane.

4. Dodajemy wywar z siemienia lub jajko, koperek i całość mieszamy.

5. Smażymy placki na rozgrzanej patelni z obu stron.

- Placki możemy podać z twarożkiem ziołowym, sosem pomidorowym lub ratatouille.

Stir fry z ryżem i cukinią

Składniki:

- filiżanka ryżu
- 2 filiżanki wody
- 2 cebulki szalotki
- ząbek czosnku
- ¼ łyżeczki suszonego lubczyku
- szczypta rozmarynu
- szczypta czarnego pieprzu
- szczypta różowej soli
- mała cukinia
- świeży koperek
- 1-2 łyżki masła ghee (klarowane)

Przygotowanie:

1. Ryż dokładnie płuczemy na gęstym sicie.
2. Podprażamy w suchym garnku, dodajemy odrobinę pieprzu i wodę.
3. Gotujemy pod przykryciem, aż w 80% wchłonie wodę.
4. Odstawiamy na chwilę, żeby „doszedł".
5. Na patelni podsmażamy na maśle cebulki, czosnek i przyprawy.
6. Dokładamy umytą i pokrojoną drobno cukinię ze skórką (jeśli jest młoda), może być też utarta.
7. Dusimy wszystko razem.
8. Zestawiamy z ognia, dodając ryż i koperek.

ZAMIENNIKI: masło możemy zastąpić olejem sezamowym, kokosowym lub delikatną oliwą.
• Taki ryż możemy przygotować z różnymi sezonowymi warzywami.

Krem z dyni

Składniki:

- ½ dyni Hokkaido
- łyżka masła klarowanego
- szczypta czarnego pieprzu
- szczypta soli
- woda

Przygotowanie:

1. Dynię dokładnie myjemy, przekrawamy i crążymy.
2. Kroimy na kawałki ze skórą i wrzucamy do garnka.
3. Dodajemy masło, pieprz i odrobinę soli.
4. Podsmażamy i po chwili zalewamy wodą do poziomu nieco powyżej kawałków dyni.
5. Gotujemy pod przykryciem, na średnim ogniu, do miękkości.
6. Całość miksujemy na delikatny krem.

ZAMIENNIKI: w wersji wegańskiej używamy oleju kokosowego zamiast masła.

- Możemy dodać małe, lekko kwaśne jabłko i mleko kokosowe.
- Dynia Hokkaido jest niewielka i ma piękny nasycony kolor, nadaje się do hodowli w przydomowym ogródku.
- Krem z dyni lubi dodatek korzennych przypraw. Warto poeksperymentować z imbirem, chilli, cynamonem, kminem rzymskim, ziarnami kolendry lub kopru włoskiego.

Rosół z grzybami

Składniki:

- 2 marchewki
- pietruszka
- ½ selera
- 8-10 pieczarek
- por
- ząbek czosnku
- szczypta czarnego pieprzu
- szczypta ziaren kolendry
- szczypta lubczyku
- szczypta różowej soli
- owoc jałowca
- garść szczypioru dymki
- świeża kolendra
- makaron gryczany nitki/udon
- łyżka oleju lnianego
- ½ łyżeczki sosu sojowego

Przygotowanie:

1. Warzywa obieramy, kroimy na kawałki i wrzucamy do garnka.
2. Podsmażamy w suchym garnku, dodajemy przyprawy, ciągle mieszając.
3. Zalewamy całość wrzątkiem tak, by wody było 2 razy więcej niż warzyw.
4. Gotujemy, aż warzywa będą miękkie, ale nie rozgotowane.
5. W osobnym garnku gotujemy gryczane nitki zgodnie z instrukcją na opakowaniu.
6. Nakładamy je na talerz i zalewamy zupą.
7. Dodajemy olej, sos sojowy i posypujemy świeżą kolendrą oraz szczypiorem.

- Zależnie od sezonu dodajemy różne warzywa, ważne, żeby było różnorodnie i kolorowo.

Zupa pomidorowa

Składniki:

- pęczek młodej włoszczyzny
- 3 puszki krojonych pomidorów pelati
- 2 białe cebule
- kilka ząbków czosnku
- 200 g kwaśnej śmietany 18%
- 500 ml wywaru warzywnego
- masło
- sos sojowy
- ryż basmati

Przygotowanie:

1. Warzywa dokładnie myjemy i kroimy w drobną kostkę.
2. Cebulę oraz czosnek kroimy jak w punkcie 1.
3. Cebulę szklimy na maśle, po czym dodajemy włoszczyznę i smażymy, aż warzywa zaczną mięknąć.
4. Wlewamy do rondla pomidory pelati i wywar warzywny (kontrolujemy jego ilość, aby zupa nie była zbyt rzadka).
5. Gotujemy bez przykrywki, aby część płynu odparowała, co wzmocni smak zupy.
6. Całość miksujemy blenderem na gładką masę. Zaprawiamy śmietaną i doprawiamy do smaku sosem sojowym.
7. Serwujemy z ugotowanym ryżem basmati.

ZAMIENNIKI: ze śmietany możemy zrezygnować lub zastąpić ją kokosową.

Krem marchewkowy

Składniki:

- 500 g ekologicznej marchewki
- łyżka oleju rzepakowego
- świeży czarny pieprz (ok. 6 ziaren) lub świeżo mielony
- mały kawałek świeżego imbiru
- szczypta różowej soli
- duża pomarańcza lub 2 średnie (eko)

Przygotowanie:

1. Marchewkę myjemy, obieramy i kroimy po skosie na kawałki.

2. Wkładamy ją do naczynia żaroodpornego, skrapiamy olejem rzepakowym, posypujemy pieprzem, pokrojonym i obranym świeżym imbirem oraz szczyptą soli.

3. Średnią pomarańczę lub ½ dużej obieramy i kroimy na 5-6 grubych plastrów, usuwamy pestki.

4. Całość zakrywamy folią aluminiową lub wiekiem naczynia.

5. Pieczemy 30 minut w piekarniku nagrzanym do 180 stopni.

6. Przekładamy zawartość naczynia do garnka.

7. Zalewamy całość wodą do wysokości około 5 cm powyżej warzyw i zagotowujemy.

8. Dolewamy sok z pozostałej części pomarańczy i dodajemy utartą skórkę.

9. Wszystko dokładnie miksujemy na gładki krem.

Zupę można posypać uprażonymi pestkami słonecznika lub poszatkowaną kolendrą. Zupy kremy lubią dodatek chrupiących elementów, takich jak: grzanki, orzechy czy pestki. Dla smaku i wyglądu można dodać keks kwaśnej śmietany lub jogurtu, kilka kropli oliwy, szczyptę kminu rzymskiego lub ostrej papryki.

Krem z białych warzyw

Składniki:

- pęczek włoszczyzny (w sezonie młodej)
- kalafior lub pęczek szparagów
- 2 średnie selery korzeniowe lub 5-7 korzeni pietruszki
- 2-3 średnie ziemniaki
- 3-4 szalotki lub średnia biała cebula
- 3-4 ząbki czosnku
- 5 łyżek masła klarowanego
- liść laurowy
- ziele angielskie
- pieprz ziarnisty
- prażone pestki słonecznika
- kilka gałązek świeżej natki pietruszki
- sól i świeżo mielony pieprz (można użyć białego)
- olej rzepakowy

Przygotowanie:

1. Włoszczyznę myjemy (jeśli jest młoda – nie obieramy ze skóry).

2. Gotujemy z niej wywar, zalewając nieco ponad litrem wody, dodając ziele angielskie, liść laurowy i pieprz ziarnisty oraz 2 łyżki masła klarowanego.

3. Wywar trzymamy na średnim ogniu, co pozwoli uzyskać smaczny, esencjonalny bulion.

4. Możemy dodać także opaloną nad palnikiem białą cebulę, ale nie jest to konieczne.

5. Gotowy wywar dokładnie cedzimy.

6. Jeśli używamy szparagów, odłamujemy zdrewniałe końcówki i obieramy je, natomiast kalafior dzielimy na różyczki.

7. Zarówno seler, jak i pietruszkę myjemy, następnie obieramy ze skóry i kroimy w kostkę.

8. Kalafior i szparagi smażymy na łyżce masła, aż staną się złote i idealnie miękkie.

9. Warzywa korzeniowe pieczemy w 180 stopniach, polane niewielką ilością oleju rzepakowego i posypane solą.

10. Szalotki lub cebulę siekamy w kostkę, czosnek rozgniatamy, pozbawiamy łupiny, drobno siekamy i rozcieramy na pastę brzegiem noża, a następnie smażymy w garnku, na łyżce masła, po minucie dodając podpieczone i zezłocone warzywa oraz ziemniaki, pokrojone w średniej wielkości kostkę.

11. Wszystko zalewamy litrem bulionu i gotujemy do miękkości.

12. Miksujemy na gładki krem (możemy przetrzeć dodatkowo przez sito), dodając łyżkę masła.

13. Doprawiamy solą i świeżo mielonym pieprzem.

14. Danie serwujemy z uprażonymi pestkami słonecznika, posypane świeżo siekaną natką pietruszki.

ZAMIENNIKI: masło możemy zastąpić oliwą lub olejem rzepakowym.

- Krem z białych warzyw jest delikatny i lekko słodki, bardzo lubiany przez dzieci.
- Wybieramy warzywa wedle uznania bądź sezonu. Możemy użyć kilku rodzajów warzyw.

Ryba w papilotach

Składniki:

- 2 filety z pstrąga tęczowego lub innej ulubionej białej ryby
- garść grzybów (w sezonie: kurki, prawdziwki, rydze, poza sezonem: pieczarki, boczniaki)
- sok z cytryny
- świeży tymianek
- 2 ząbki czosnku
- oliwa
- ¼ kostki masła
- sól i świeżo mielony pieprz

Przygotowanie:

1. Z papieru do pieczenia lub folii aluminiowej robimy papilotki, składając arkusz na pół, zwijając boki i pozostawiając je z jednej strony otwarte.

2. Do środka wkładamy filety doprawione solą, pieprzem i sokiem z cytryny, oczyszczone grzyby, listki świeżego tymianku, zmiażdżony czosnek w łupinie, polewamy wszystko oliwą i dorzucamy kilka małych kawałków masła.

3. Zamykamy szczelnie papilotki.

4. Pieczemy w piekarniku nagrzanym do 180 stopni około 15 minut. Ta metoda pozwala na uzyskanie pełni smaku zarówno ryby, jak i użytych dodatków, co czyni to danie niezwykle aromatycznym i pysznym.

ZAMIENNIKI: masło możemy zastąpić oliwą, olejem rzepakowym lub orzechowym.
- Podajemy z warzywami gotowanymi na parze, np. młodymi marchewkami, porem i pietruszkami, oraz z ryżem basmati.

Wywar warzywny

Składniki:

- pęczek włoszczyzny (w sezonie młodej)
- biała cebula
- 2-3 ząbki czosnku
- ziele angielskie
- pieprz ziarnisty
- liść laurowy
- 2 łyżki oleju, oliwy lub masła
- sól lub sos sojowy
- opcjonalnie: ½ bulwy kopru włoskiego, świeży lubczyk, ½ pęczka natki pietruszki (łodygi i liście), ziarna fenkułu, kawałek imbiru, goździki

Przygotowanie:

1. Warzywa myjemy i obieramy ze skóry. Nie usuwamy naci z selera.
2. Wszystkie warzywa kroimy w kostkę, a nać pozostawiamy w całości.
3. Cebulę przypalamy nad palnikiem lub na suchej patelni.
4. Nieobrane ząbki czosnku rozgniatamy, pozostawiając łupinę.
5. Wszystko wrzucamy do garnka (wraz z opcjonalnymi dodatkami, jeśli ich używamy) i zalewamy nieco ponad litrem zimnej wody.
6. Dodajemy ziele angielskie, pieprz ziarnisty, liść laurowy i tłuszcz. Doprowadzamy do zagotowania i gotujemy na średnim ogniu min. 20 minut – im dłużej, tym bardziej aromatyczny wywar uzyskamy.
7. Całość doprawiamy solą lub sosem sojowym dopiero pod koniec gotowania.
8. Podajemy klasycznie – z domowymi lanymi kluskami lub makaronem – albo z omletem w stylu japońskim, posiekanym w cienkie paski. Koniecznie posypujemy świeżymi ziołami.

ZAMIENNIKI: masło możemy zastąpić oliwą.
- Dodatek tłuszczu do wywaru jest niezbędny, gdyż rozpuszcza on witaminy zawarte w warzywach, jest nośnikiem smaku, a także skraca proces gotowania.
- Przecedzony wywar możemy zamrozić i wykorzystać w dowolnej chwili. Jest to także doskonała baza do innych zup. Wystarczy dodać pozbawione skóry, pokrojone w kostkę pomidory, rozgotować i zabielić śmietanką, doprawić bazylią, aby w kwadrans otrzymać pyszną pomidorówkę.

Rostbef 5 smaków

Składniki:

- ok. 1 kg rostbefu
- przyprawa 5 smaków
- kilka łyżek sosu sojowego
- 2-3 łyżki miodu
- kawałek dobrego masła
- olej

Przygotowanie:

1. Rostbef oczyszczamy, myjemy i osuszamy.
2. Mięso nacieramy solidnie przyprawą 5 smaków i odstawiamy na kilka godzin do lodówki, aby się zamarynowało.
3. Na patelni rozgrzewamy olej i na mocnym ogniu obsmażamy mięso z każdej strony.
4. Na patelnię wlewamy sos sojowy i miód. Delikatnie podgrzewamy, tak aby „zebrać” smak przypraw po smażeniu.
5. Na koniec do glazury dodajemy zimne masło.
6. Rostbef przekładamy na blachę i wstawiamy do piekarnika nagrzanego do temperatury 80 stopni. Pieczemy około 1,5 godziny, co jakiś czas podlewając glazurą.
7. Mięso powinno być w środku jeszcze delikatnie różowe.
8. Po ostygnięciu rostbef kroimy w bardzo cienkie plasterki. Podajemy na grzance z rukolą.

Gulasz wieprzowy

Składniki:

- średni kawałek łopatki wieprzowej
- średnia cebula
- po kawałku czerwonej, zielonej i żółtej papryki
- świeży pomidor
- puszka pomidorów (mogą być krojone)
- 2 ząbki czosnku
- 2-3 łyżki oliwy z oliwek
- kilka ziaren ziela angielskiego
- kilka liści laurowych
- sól, czarny pieprz
- szczypta cukru

Przygotowanie:

1. Mięso myjemy, suszymy i kroimy w średnią kostkę.
2. Na patelni rozgrzewamy oliwę i obsmażamy mięso na złoty kolor, co jakiś czas mieszając.
3. Następnie wrzucamy je do rondla i zalewamy wodą, tak aby mięso było zakryte.
4. Wrzucamy liście laurowe i ziele angielskie.
5. Gotujemy pod przykryciem kilkanaście minut.
6. Obieramy cebulę i czosnek, a paprykę i pomidora czyścimy z gniazd nasiennych, wszystko kroimy w niedużą kostkę.
7. Na patelnię po mięsie wrzucamy cebulę i czosnek, po chwili dodajemy paprykę i pomidora.
8. Przesmażone warzywa dodajemy do mięsa, całość dokładnie mieszając.
9. Dodajemy pomidory z puszki, a jeśli wygotowało się dużo wody, uzupełniamy tak, żeby mięso było zawsze zakryte.
10. Gotujemy tak długo, aż mięso będzie miękkie, a pozostałe składniki połączą się, tworząc sos.
11. Całość doprawiamy do smaku szczyptą soli, cukru i czarnego pieprzu.

- Możemy użyć oczywiście papryki w jednym kolorze.
- Możemy użyć 2-3 łyżek pasty pomidorowej.
- Do potraw gotowanych, w których używamy pomidorów lub pasty pomidorowej, warto dodać szczyptę cukru, która podkreśli pomidorowy smak.
- By urozmaicić smak, możemy dodać szczyptę korzennych przypraw: goździków, anyżu, ziaren kopru włoskiego lub kminu rzymskiego.

Pulpeciki w sosie pomidorowym

Składniki:

- 500 g mielonej jagnięciny lub wołowiny
- jajko
- skórka utarta z cytryny
- 2 ząbki czosnku
- natka pietruszki
- 2-3 łyżki bułki tartej
- szczypta soli
- szczypta czarnego pieprzu
- olej

Sos:

- kilka świeżych dojrzałych pomidorów lub puszka pomidorów pelati
- biała cebula średniej wielkości
- czosnek (opcjonalnie)
- szczypta soli
- szczypta czarnego pieprzu
- szczypta cukru

Przygotowanie:

1. Mięso przekładamy do miski.
2. Dodajemy przeciśnięty przez praskę czosnek i skórkę utartą z cytryny.
3. Wbijamy jajko.
4. Dorzucamy bardzo drobno posiekaną natkę pietruszki, sól, pieprz i dokładnie wszystko mieszamy.
5. Dodajemy bułkę tartą.
6. Formujemy równe nieduże kulki.
7. Smażymy je na rozgrzanym oleju, aż się ładnie skarmelizują.
8. Cebulę i pomidory kroimy w drobną kostkę.
9. Dorzucamy do pulpecików najpierw cebulę, a po kilku minutach pomidory.
10. Podlewamy całość odrobiną wody.
11. Dusimy wszystko kilkanaście minut, aż do momentu, gdy warzywa się rozgotują i powstanie gładki sos.
12. Doprawiamy do smaku solą, pieprzem i szczyptą cukru.
13. Mięsne kulki w lekkim sosie pomidorowym podajemy z ugotowanym (najlepiej pełnoziarnistym) makaronem.

- Do makaronu możemy dodać pokrojone drobno kolorowe pomidory, np. żółte lub pomarańczowe.
- Przed podaniem posypujemy danie świeżymi ziołami, np. drobno posiekaną natką pietruszki, kolendrą lub bazylią.
- Ilość bułki tartej jest uzależniona od konsystencji mięsa, masa na kulki powinna być zwarta i kleista. Nie może się rozpadać. Powinna dać się dobrze formować i nie rozwarstwiać.

Zupa ze świeżych ogórków

Składniki:

- 2 świeże, długie zielone ogórki lub 8 małych ogórków gruntowych
- pęczek włoszczyzny
- 2 marchewki
- pietruszka – korzeń
- kilka łyżek śmietany 30%
- sok z ½ cytryny
- kawałek masła
- liście laurowe
- ziele angielskie
- pęczek koperku
- sól, czarny pieprz
- oliwa

Przygotowanie:

1. Włoszczyznę obieramy i myjemy.
2. Wrzucamy do garnka, zalewamy wodą, dodajemy liście laurowe, ziele angielskie i szczyptę soli.
3. Gotujemy bulion warzywny.
4. Całość cedzimy.
5. Marchewki i pietruszkę obieramy i kroimy w plasterki lub drobną kostkę, wrzucamy do bulionu, gotujemy do miękkości.
6. Świeże ogórki kroimy w półplasterki.
7. Przesmażamy kilka minut na rozgrzanym maśle.
8. Dodajemy posiekany drobno koperek.
9. Przyprawiamy solą i czarnym pieprzem.
10. Wrzucamy do garnka z bulionem, chwilę gotujemy.
11. Zupę zabielamy śmietaną.
12. Doprawiamy jeszcze do smaku solą, pieprzem i sokiem z cytryny.
13. Przed podaniem możemy każdą porcję delikatnie skropić oliwą. Jemy zarówno na gorąco, jak i na zimno.

ZAMIENNIKI: masło i śmietanę możemy zastąpić roślinnymi odpowiednikami.

Ciecierzyca na ciepło z warzywami

Składniki:

- szklanka ugotowanej ciecierzycy lub ciecierzycy z puszki
- biała cebula
- 2-3 ząbki czosnku
- 3 świeże, mięsiste pomidory (w sezonie) lub puszka pomidorów pelati
- 3 średnie ziemniaki (w sezonie młode)
- ¼ bulwy kopru włoskiego
- ½ marchewki
- ½ papryki
- ⅓ cukinii
- ⅓ puszki mleczka kokosowego bio
- kmin rzymski
- ⅓ pęczka świeżej kolendry
- oliwa lub olej rzepakowy
- sól i świeżo mielony pieprz

Przygotowanie:

1. Wszystkie warzywa dokładnie myjemy.
2. Cebulę kroimy w kostkę.
3. Czosnek pozbawiamy łupiny, drobno siekamy i rozgniatamy.
4. Jeśli używamy świeżych pomidorów, parzmy je i obieramy ze skóry.
5. Ziemniaki obieramy i kroimy w kawałki wielkości kęsa.
6. Koper włoski kroimy w piórka.
7. Obraną marchewkę kroimy w plasterki.
8. Cukinię i paprykę kroimy w kostkę podobnej wielkości.
9. W rondlu na łyżce oliwy podsmażamy kolejno: koper włoski, marchewkę, cukinię i paprykę.
10. Na koniec podsmażamy na złoto cebulę, dodając do niej czosnek i wszystkie wcześniej zrumienione warzywa, ziemniaki, ciecierzycę oraz pokrojone pomidory lub pomidory z puszki.
11. Wszystko doprawiamy kminem rzymskim i solą.
12. Całość dusimy około 15 minut, aż ziemniaki staną się miękkie.
13. Wlewamy mleczko kokosowe, jeszcze chwilę gotujemy i doprawiamy do smaku pieprzem, ewentualnie solą, na końcu posypujemy świeżo siekaną kolendrą.

- Ciecierzycę trzeba porządnie namoczyć (przynajmniej na 12 godzin) i ugotować w świeżej wodzie. Warto ją wprowadzić do menu, bo zawiera przyswajalne białko roślinne i jest lubiana przez dzieci.

Ratatouille

Składniki:

- duży pomidor (w sezonie) lub ½ puszki pomidorów pelati
- cukinia
- mały bakłażan
- ½ papryki czerwonej
- ½ papryki żółtej
- czerwona cebula
- 2-3 ząbki czosnku
- sok z cytryny
- ½ pęczka świeżej bazylii
- oliwa
- sól i świeżo mielony pieprz
- szczypta cukru
- opcjonalnie: ½ marchewki, garść pieczarek, pietruszka – korzeń

Przygotowanie:

1. Myjemy warzywa.
2. Pomidora parzymy i pozbawiamy skóry.
3. Bakłażan, cukinię i paprykę kroimy w kostkę podobnej wielkości.
4. Cebulę siekamy w kostkę.
5. Czosnek miażdżymy, pozbawiamy łupiny, drobno siekamy i rozcieramy brzegiem ostrza noża.
6. W rondlu rozgrzewamy 2 łyżki oliwy.
7. Najpierw smażymy cebulę, potem dodajemy czosnek i pozostałe warzywa, poza pomidorem.
8. Gdy zaczną się rumienić, dodajemy posiekanego pomidora (lub pelati z puszki), doprawiamy solą i dusimy do miękkości pod przykryciem.
9. Doprawiamy sokiem z cytryny, pieprzem i ewentualnie szczyptą cukru.
10. Zdejmujemy garnek z ognia i dodajemy porwane listki bazylii.

- To jest podstawowa wersja francuskiego dania, ale ja lubię, gdy smak jest bogatszy, dlatego często dodaję do duszenia także marchewkę i pietruszkę, pokrojone w plasterki, oraz garść pieczarek. Dlaczego nie spróbować?

Stir fry z kaszą gryczaną

Składniki:

- 2 garście różnych grzybów
- garść świeżego szpinaku
- biała cebula średniej wielkości
- mała marchewka
- ew. ½ pęczka szparagów
- główka czosnku
- ząbek czosnku
- 2 jajka
- 100 g kaszy gryczanej
- garść pomidorków koktajlowych
- gałązki świeżego tymianku i rozmarynu
- pęczek świeżej kolendry
- pestki dyni
- sos sojowy
- olej rzepakowy z pierwszego tłoczenia
- ocet balsamiczny
- masło

Przygotowanie:

1. Cebulę siekamy w drobną kostkę.
2. Grzyby dokładnie czyścimy i kroimy w cząstki.
3. Marchewkę myjemy, obieramy i kroimy w drobną kostkę.
4. Ząbek czosnku drobno siekamy.
5. Pestki dyni prażymy na suchej patelni lub w piekarniku.
6. Szpinak myjemy pod bieżącą wodą.
7. Szparagi dokładnie płuczemy, odłamujemy zdrewniałe końcówki, obieramy z łusek, kroimy na 4-centymetrowe kawałki.
8. Pomidorki koktajlowe przekrojone na pół, polane oliwą lub olejem, posypane świeżym tymiankiem i rozmarynem oraz polane ewentualnie octem balsamicznym, pieczemy w piekarniku (najlepiej całą noc) w temperaturze 80 stopni, a jeśli brakuje czasu, pieczemy je w 180 stopniach, aż będą mocno spieczone (20-30 minut). Ważne, aby piec je przecięciem do góry, aby mogła odparować z nich woda.
9. Odcinamy czubek główki czosnku, polewamy olejem, posypujemy solą i pieprzem, po czym również pieczemy w 180 stopniach, aż będzie rumiany, a ząbki staną się miękkie.
10. Na patelni rozpuszczamy masło i smażymy na małym ogniu cebulę, aż się skarmelizuje – w ten sposób nabierze słodkiego smaku.
11. Na oddzielnej patelni, na maśle smażymy grzyby, aż będą rumiane, wtedy zdejmujemy je z patelni.

- Dzieciom nie podajemy grzybów leśnych, jako zamiennik wybierajmy pieczarki.

12. Teraz na oleju podsmażamy posiekany czosnek i drobno pokrojoną marchewkę, dodajemy szparagi, a gdy zmiękną, dorzucamy ugotowaną kaszę gryczaną, usmażone grzyby, całość mieszamy i wykładamy na talerz.

13. Na tej samej patelni, oczyszczonej ręcznikiem papierowym, smażymy omlet z jajek, doprawiony sosem sojowym, rolujemy i kroimy w poprzeczne paseczki.

14. Danie serwujemy z upieczonym czosnkiem, omletem, pomidorkami koktajlowymi, zrumienioną na maśle cebulą, pestkami dyni i świeżo posiekaną kolendrą.

Różne sałaty z kozim serem i kolorowymi pomidorami

Składniki:

- 2 garście różnych sałat, np. musztardowca, mizuny, sałaty dębolistnej, rukoli, rukwi wodnej
- 6 pomidorów w różnych kolorach (3 rodzaje po 2 sztuki)
- czerwona cebula
- twarożek z koziego mleka
- brązowy cukier
- 2 łyżki soku z cytryny
- 6 łyżek oliwy
- sól

Przygotowanie:

1. Sałatę dokładnie myjemy, w razie potrzeby rwiemy liście na mniejsze kawałki.

2. Cebulę bardzo drobno siekamy, podobnie niedużego pomidora.

3. Następnie razem z sokiem z cytryny, cukrem, oliwą i ewentualnie solą wszystko dokładnie mieszamy – to będzie dressing do sałaty.

4. Część pomidorów kroimy w cząstki, a część w plastry – różnorodność form jest jak najbardziej wskazana.

5. Sałatę łączymy z pomidorami i dodajemy twarożek. Podajemy z przygotowanym sosem.

- Niektóre rodzaje sałat są ostre, nie każde dziecko toleruje ten smak. Próbujmy wszystkich, które są dostępne, może wybór padnie na... szpinak albo rukolę?

Sałatka z ogórka i rzodkiewek w delikatnym dressingu

Składniki:

- 2 zielone ogórki
- pęczek rzodkiewek
- ½ pęczka kolendry lub natki pietruszki
- szczypta siekanego szczypioru
- sok z ½ limonki
- łyżeczka brązowego cukru
- łyżka sosu sojowego
- 6 łyżek oleju rzepakowego
- mała marchewka

Przygotowanie:

1. Ogórki i rzodkiewki myjemy pod bieżącą wodą, ogórki obieramy (celowo niedokładnie) ze skórki za pomocą obieraczki.

2. Na mandolinie lub po prostu ostrym nożem kroimy warzywa na cienkie plasterki i trzymamy je w wodzie z lodem ok. 15 minut, aby nabrały chrupkości.

3. Przygotowujemy dressing: łączymy sok z limonki, brązowy cukier, sos sojowy, olej oraz marchewkę posiekaną w bardzo drobną kostkę.

4. Przed serwowaniem odsączamy warzywa z wody na ręczniku papierowym, polewamy dressingiem i dekorujemy świeżymi ziołami.

- Możemy użyć dowolnych warzyw, na które aktualnie jest sezon – świetnie sprawdzą się także cukinia, papryka, por czy jarmuż.

PRZEKĄSKI
DESERY

Ciasteczka owsiane z rodzynkami

Składniki:

- 2 garście rodzynek
- 2 kwaśne jabłka – utarte
- 5 łyżek drobnych płatków owsianych
- 3 łyżki wiórków kokosowych
- łyżeczka ziaren sezamu
- duża łyżka oleju kokosowego
- szczypta cynamonu
- szczypta kardamonu
- opcjonalnie: 1/2 szklanki mleka migdałowego

Przygotowanie:

1. Wszystkie składniki wsypujemy do miski i dokładnie mieszamy.
2. Formujemy rękoma niewielkie ciasteczka.
3. Układamy je na blasze wyłożonej papierem do pieczenia, w odstępach od siebie.
4. Pieczemy w nagrzanym do 200 stopni piekarniku 15-20 minut.

ZAMIENNIKI: płatki owsiane możemy zastąpić płatkami ryżowymi, gryczanymi lub kukurydzianymi. Dobrze sprawdzą się też amarantusowe lub po prostu mąka; olej kokosowy możemy zastąpić olejem rzepakowym.

- Ciasteczka przechowujemy (jeśli zostaną) w otwartym słoiku.
- Skład ciastek można modyfikować, dodając inne owoce, orzechy czy pestki.
- W sezonie można dodać truskawki, jagody czy porzeczki.

Ciastka owsiane z żurawiną i sezamem

Składniki:

- 200 g płatków owsianych
- 150 g suszonej żurawiny
- 100 g rodzynek
- 100 g prażonych orzechów laskowych
- 2-3 łyżki mąki pszennej
- 2 łyżki prażonego sezamu
- łyżeczka proszku do pieczenia
- 100 g miękkiego masła
- jajko
- łyżka brązowego cukru

Przygotowanie:

1. Żurawinę, rodzynki i orzechy rozdrabniamy w blenderze.
2. Jajko ucieramy z cukrem i masłem.
3. Mąkę mieszamy z proszkiem do pieczenia.
4. Wszystko łączymy w jednej misce.
5. Dorzucamy płatki owsiane i prażony sezam, dokładnie mieszając wszystkie składniki.
6. Odstawiamy całość na godzinę do lodówki, żeby masa zgęstniała.
7. Formujemy płaskie ciastka, ulubionej wielkości.
8. Układamy je na blasze wyłożonej pergaminem.
9. Pieczemy około 15 minut w piekarniku nagrzanym do 180 stopni.
10. Odstawiamy ciastka do wystygnięcia, aby stwardniały, ponieważ po upieczeniu są bardzo miękkie.

ZAMIENNIKI: mąkę pszenną i płatki owsiane możemy zamienić na mąkę ryżową i płatki gryczane lub kukurydziane; jajko możemy zamienić na mielone siemię lniane; orzechy możemy zastąpić pestkami słonecznika; masło możemy zamienić na oliwę lub masło migdałowe.
- Takie ciastka można zrobić wspólnie całą rodziną, wybierając ulubione dodatki.

Domowe galaretki z agarem

Składniki:

- ½ szklanki gęstego soku wiśniowego lub pulpy z mango, lub kompotu z gruszki z jabłkiem i rabarbarem
- łyżka drobnych owoców (malina, borówka, poziomka)
- łyżeczka soku z cytryny (opcjonalnie)
- 20 ml ciepłej wody
- łyżeczka agaru
- szczypta cynamonu

Przygotowanie:

1. Sok, pulpę lub kompot wlewamy do garnka, lekko podgrzewając.
2. Zagotowujemy wodę i mieszamy trzepaczką z agarem.
3. Wlewamy agar do soku.
4. Zdejmujemy zawiesinę z ognia, dodajemy owoce, szczyptę cynamonu i przelewamy ciepłą do foremek o różnym kształcie.
5. Zostawiamy do ostygnięcia, niekoniecznie w lodówce.

- Agar jest naturalnym środkiem żelującym, nie ma swojego smaku, z powodzeniem można go więc używać w kuchni zamiast żelatyny pochodzenia zwierzęcego. Jest pozyskiwany z alg morskich i zastyga w temperaturze pokojowej.
- Możemy wykorzystać specjalne foremki do lodów, najlepiej silikonowe, żeby bez problemu wyjąć gotowe galaretki.

LODY NA PATYKU

Ananasowe

Składniki:

- ananas
- kilka listków zielonej bazylii

Przygotowanie:

1. Ananas czyścimy i obieramy ze skórki.
2. Wycinamy rdzeń ananasa.
3. Kroimy go w nieduże kawałki.
4. Dodajemy umyte i osuszone listki bazylii.
5. Wszystko miksujemy blenderem na gładką pulpę.
6. Rozkładamy ją do foremek do zamrażania lodów.
7. Do każdej porcji wkładamy patyczek.
8. Wstawiamy do zamrażarki na kilka godzin, aby lody stężały.

ZAMIENNIKI: zamiast mleka migdałowego możemy wziąć jaglane, ryżowe owsiane bądź krowie.
- Jeśli nie mamy foremek do lodów, możemy użyć po prostu kubeczków po małych jogurtach.
- Naturalne lody na patyku są świetną alternatywą dla sklepowych wynalazków, wrzucamy ulubione owoce i gotowe. Możemy je dodatkowo obtoczyć w gniecionych orzeszkach lub naturalnej czekoladzie.

Mango

Składniki:

- mango
- szczypta cynamonu
- kilka obranych orzechów pekan lub laskowych

Przygotowanie:

1. Mango obieramy ze skóry.
2. Wyjmujemy pestkę.
3. Miąższ dzielimy na niewielkie kawałki.
4. Całość miksujemy blenderem na gładką pulpę.
5. Dodajemy szczyptę cynamonu.
6. Orzechy tłuczemy na drobne kawałki.
7. Na dno każdej foremki do zamrażania lodów wsypujemy szczyptę orzechów.
8. Wlewamy pulpę z mango.
9. Do każdej porcji wkładamy patyczek.
10. Wstawiamy do zamrażarki na kilka godzin, aby całość stężała.

Arbuzowe

Składniki:

- kawałek arbuza
- kilka listków melisy

Przygotowanie:

1. Arbuza obieramy ze skóry.
2. Czerwony miąższ kroimy w mniejsze kawałki (nie usuwamy pestek).
3. Dodajemy listki melisy i całość miksujemy blenderem na gładką pulpę.
4. Rozkładamy masę do foremek do zamrażania lodów.
5. Do każdej porcji wkładamy patyczek.
6. Wstawiamy do zamrażarki na kilka godzin, aby wszystko stężało.

Mleczno-owocowe

Składniki:

- kilka łyżek zmiksowanej pulpy z arbuza
- kilka malin
- kilka borówek
- mleko migdałowe lub ryżowe

Przygotowanie:

1. Zmiksowaną pulpę z arbuza mieszamy z mlekiem migdałowym lub ryżowym.
2. Rozkładamy masę do foremek do zamrażania lodów.
3. Do każdej porcji wrzucamy pokrojone na mniejsze kawałki maliny i borówki.
4. Do każdego pojemnika wkładamy po patyczku.
5. Wstawiamy na kilka godzin do zamrażarki, aby wszystko stężało.

Sorbet arbuzowo-imbirowy

Składniki:

- soczysty kawałek świeżego arbuza razem z pestkami
- dojrzały banan
- niewielki kawałek świeżego imbiru

Przygotowanie:

1. Z arbuza odkrawamy skórkę i wkładamy go do wysokiego naczynia.
2. Dodajemy banana i kawałek świeżego imbiru.
3. Miksujemy całość blenderem na jednolitą masę i wstawiamy do zamrażarki na 10-15 minut.
4. Wyjmujemy naczynie i znów dokładnie mieszamy gęstniejącą zawiesinę, ponownie wstawiamy do zamrażarki.
5. Operację powtarzamy 3 razy i deser jest gotowy.

ZAMIENNIKI: zamiast banana możemy dodać świeżą papaję; zamiast arbuza możemy dodać kolorowe owoce.

Pudding ryżowo-czekoladowy

Składniki:

- 2 łyżki ugotowanego ryżu
- łyżka gorzkiego kakao 90%
- ok. 8 łyżek mleka ryżowego z wanilią
- łyżeczka słodu z daktyli lub brązowy cukier

Przygotowanie:

1. Do wysokiego naczynia wsypujemy kakao.

2. Dodajemy ryż i słód lub cukier.

3. Dolewamy mleko i miksujemy całość na pudding.

ZAMIENNIKI: kakao możemy zastąpić karobem.
- Zamiast kakao możemy dodać dowolne świeże owoce, cynamon lub miętę i stworzyć pudding o ulubionym smaku.

Kisiel owocowy

Składniki:

- szklanka dowolnego soku owocowego
- łyżeczka mąki ziemniaczanej
- świeże owoce, np. maliny

Przygotowanie:

1. Do garnka wlewamy ¾ szklanki soku i podgrzewamy.
2. W pozostałej części zimnego soku dokładnie rozprowadzamy mąkę ziemniaczaną.
3. Mączną zawiesinę dodajemy do gorącego soku, cały czas mieszając, aż całość zgęstnieje.
4. Do miseczki wrzucamy kilka świeżych owoców i zalewamy kisielem.
5. Deser chwilę studzimy i podajemy.

- Do kisielu możemy dodać napary ziołowe zmieszane z sokami, np. w razie przeziębienia warto dodać napar z czarnego bzu.

Budyń waniliowy

Składniki:

- szklanka mleka ryżowego/migdałowego
- łyżka mąki ziemniaczanej
- szczypta naturalnej wanilii lub kawałek laski waniliowej

Przygotowanie:

1. Do garnka wlewamy ¾ szklanki mleka i zagotowujemy.
2. Dodajemy szczyptę naturalnej wanilii lub po prostu z mlekiem zagotowujemy kawałek laski waniliowej.
3. Pozostałą część zimnego mleka dokładnie mieszamy z mąką ziemniaczaną.
4. Wyciągamy laskę wanilii z mlecznego wrzątku, dolewamy mączną zawiesinę do gorącego mleka, cały czas mieszając, aż wszystko zgęstnieje.
5. Deser przelewamy do miseczek lub kubków, studzimy i podajemy – z sezonowymi owocami lub polany sokiem owocowym.

- Do budyniu możemy dodać kakao, żeby zrobić wersję czekoladową, a jeśli chcemy, aby był bardziej sycący, wystarczy dodać ½ łyżki masła. Najlepiej podawać jeszcze ciepły, będzie lepiej trawiony.

Kolorowe sezamki

Składniki:

- 4 łyżki czarnego sezamu
- 4 łyżki białego sezamu
- 1 i ½ łyżki brązowego cukru (*muscovado*)
- ½ łyżeczki miodu
- szczypta skórki utartej z limonki
- sok wyciśnięty z ½ limonki

Przygotowanie:

1. Sezam delikatnie podprażamy na patelni, na niewielkim ogniu.
2. Dodajemy cukier i mieszamy.
3. Dodajemy skórkę i sok z limonki, mieszając, prażymy 5-10 minut.
4. Na koniec dodajemy miód, dokładnie mieszamy i przekładamy masę na papier do pieczenia.
5. Przykrywamy całość drugim kawałkiem papieru i rozwałkowujemy.
6. Odczekujemy chwilę i kroimy blat na kawałki.

ZAMIENNIKI: miód możemy zastąpić większą ilością brązowego cukru lub syropu klonowego.
- Sezam zawiera wapń potrzebny do budowy kości.
- Możemy dodać wiórki kokosowe.

Ciasto czekoladowe Brownie

Składniki:

- 2 tabliczki organicznej, bardzo gorzkiej czekolady
- 2 łyżki masła orzechowego
- 2 łyżki zmiażdżonych orzechów laskowych
- 2 łyżki pokruszonych orzechów włoskich
- 3-4 łyżki śmietanki kokosowej
- 2 łyżki kakao
- 4 łyżki mąki kasztanowej/orkiszowej
- garść daktyli
- garść naturalnych płatków kukurydzianych (bez soli i cukru, najlepiej eko)
- szczypta soli

Przygotowanie:

1. Gorzką czekoladę delikatnie roztapiamy w rondelku razem ze śmietanką kokosową.
2. Daktyle moczymy w wodzie lub mleku roślinnym, gotujemy i miksujemy blenderem.
3. Mieszamy rozpuszczoną czekoladę, masło orzechowe, daktyle i kakao – możemy użyć miksera lub blendera.
4. Dodajemy kolejno: zgniecione orzechy i mąkę, mieszamy łyżką lub mikserem.
5. Na końcu dodajemy płatki kukurydziane i mieszamy łyżką.
6. Całość układamy na papierze do pieczenia w niedużej blasze i wstawiamy do rozgrzanego piekarnika (180 stopni) na mniej więcej 20 minut.

- Orzechy mogą być pokruszone na większe lub mniejsze kawałki, w zależności od wieku dzieci i ich preferencji.
- Możemy dodać kwaśnych owoców lub słonego masła orzechowego, żeby zmodyfikować smak.

Guacamole – pasta z awokado

Składniki:

- 2 dojrzałe awokado
- 2-3 łyżki białego serka naturalnego
- 2-3 łyżki dobrej oliwy z oliwek
- ½ pęczka świeżej kolendry
- sok z 1 limonki
- mały pomidor
- mała czerwona cebula
- sól, pieprz

Przygotowanie:

1. Awokado przekrawamy na pół.
2. Usuwamy pestki.
3. Delikatnie wyjmujemy łyżeczką miąższ, rozgniatamy go widelcem na gładką masę.
4. Do awokado dodajemy serek i drobno posiekaną świeżą kolendrę.
5. Z pomidora usuwamy pestki i kroimy w drobną kostkę.
6. Cebulę obieramy i kroimy w bardzo drobną kostkę.
7. Całość dokładnie mieszamy.
8. Dodajemy oliwę i sok z limonki.
9. Pastę przyprawiamy solą i pieprzem.

ZAMIENNIKI: z serka możemy zrezygnować, zwiększając zawartość awokado; zamiast kolendry możemy użyć mięty, natki pietruszki lub koperku.

- Awokado jest bardzo sycące, tłuste i zarazem delikatne.

Czekoladowe ciasto z solonym kajmakiem

Składniki:

- ½ kostki masła
- łyżka brązowego cukru lub garść zmielonych rodzynek
- ½ szklanki mąki owsianej
- 3 łyżki kakao
- szczypta soli morskiej
- masło orzechowe lub migdałowe
- 3 tabliczki dobrej ciemnej czekolady 70%
- 3 łyżki śmietanki
- ulubione owoce

Przygotowanie:

1. Na desce siekamy mąkę z masłem, używając zimnego noża, łączymy z cukrem lub rodzynkami i kakao.
2. Zagniatamy ciasto.
3. Formujemy walec, zawijamy go w folię i odkładamy do lodówki na godzinę.
4. Schłodzone ciasto rozwałkowujemy na grubość 3-4 mm.
5. Wykładamy ciastem formę do tarty (najlepiej z wyjmowanym dnem), obcinamy niepotrzebne kawałki.
6. Wstawiamy do lodówki na 30 minut.
7. Ciasto przykrywamy papierem do pieczenia, przysypujemy, dla obciążenia, suchą fasolą lub grochem.
8. Pieczemy 20 minut w temperaturze około 180 stopni.
9. Usuwamy papier i dopiekamy jeszcze 5 minut.
10. Odstawiamy do wystudzenia.
11. Masło doprawiamy szczyptą soli morskiej i smarujemy nim spód ciasta.
12. Odstawiamy do zastygnięcia.

ZAMIENNIKI: masło możemy zastąpić olejem sezamowym lub masłem kokosowym; śmietankę możemy zastąpić śmietanką roślinną; mąkę owsianą możemy zastąpić migdałową bądź gryczaną; kakao możemy zastąpić karobem.

- Ciasto z innych mąk jest bardziej wymagające, ale równie smaczne.
- Możemy dodać kwaśnych owoców i mięty.

13. Czekoladę łamiemy na kawałki i rozpuszczamy w kąpieli wodnej.

14. W rondelku podgrzewamy śmietankę (uważamy, żeby jej nie zagotować). Wlewamy do czekolady i mieszamy, żeby się dobrze połączyły.

15. Lekko studzimy zawiesinę.

16. Wykładamy ganasz na masło orzechowe.

17. Odstawiamy do całkowitego zastygnięcia.

18. Przed podaniem na wierzchu ciasta układamy ulubione owoce.

Jogurtowe ciasto z truskawkami w galaretce

Składniki:

Biszkoptowy spód:

- 100 g mąki pszennej
- 4 jajka
- 100 g drobnego białego cukru
- 20 g cukru waniliowego
- masło
- bułka tarta

Przygotowanie:

Biszkoptowy spód:

1. Żółtka ucieramy z cukrem i cukrem waniliowym na białą puszystą masę.

2. Dodajemy mąkę i mieszamy.

3. Delikatnie łączymy z pianą z białek.

4. Wlewamy ciasto do formy wysmarowanej masłem i wysypanej bułką tartą (tortownica o średnicy 26-28 cm).

5. Pieczemy 20-25 minut w piekarniku nagrzanym do 180 stopni.

6. Odstawiamy do wystygnięcia.

Pianka jogurtowa:

- 800 ml jogurtu naturalnego
- 150 g cukru trzcinowego
- skórka utarta z całej cytryny
- 40 g żelatyny

Pianka jogurtowa:

1. Żelatynę mieszamy z kilkoma łyżkami gorącej wody, tak żeby całkowicie się w niej rozpuściła.

2. Mieszając, stopniowo dodajemy jogurt.

3. Następnie dorzucamy utartą skórkę z cytryny i cukier trzcinowy.

4. Dokładnie mieszamy całość.

5. Masę odstawiamy na jakiś czas.

6. Gdy zacznie tężeć, wykładamy ją na ostudzony spód biszkoptowy.

7. Wstawiamy ciasto do lodówki, aby pianka całkiem stężała.

Galaretka:

- 400 ml soku, np. z porzeczek
- 3-4 łyżki wody
- 2-3 łyżki cukru trzcinowego
- 30 g żelatyny

Dodatki:

- kilka dojrzałych truskawek
- kilka owoców miechunki
- łyżka prażonych orzechów laskowych
- łyżka prażonych pestek słonecznika
- kilka listków mięty

Galaretka:

1. Sok wlewamy do rondelka, dodajemy wodę i cukier trzcinowy.

2. Zagotowujemy, dodajemy żelatynę.

3. Całość dokładnie mieszamy, aż żelatyna całkowicie się rozpuści.

4. Na zastygniętą piankę jogurtową wykładamy pokrojone w plasterki truskawki i owoce miechunki, orzechy oraz prażone pestki słonecznika.

5. Zalewamy wszystko tężejącą galaretką.

6. Wstawiamy ciasto na kilka godzin do lodówki, aby całość idealnie stężała.

7. Przed podaniem ciasto posypujemy listkami świeżej mięty.

ZAMIENNIKI: żelatynę możemy zastąpić agarem; jogurt możemy zastąpić jogurtem roślinnym lub śmietanką kokosową; orzechy możemy zastąpić pestkami lub płatkami kasztanowymi; owoce miechunki mogą zostać zastąpione innymi owocami, np. czarną porzeczką.

Czekoladki z pistacjami

Składniki:

- kostka kremu kokosowego (ok. 200 g, dostępny w ekosklepach)
- garść orzechów pistacjowych
- 2 łyżki mąki migdałowej lub zmielonych migdałów
- 3 łyżeczki brązowego cukru *muscovado* lub łyżka rodzynek
- szczypta kardamonu
- szczypta różowej soli
- szczypta skórki utartej z cytryny
- 5 łyżek kakao 100%

Przygotowanie:

1. Krem kokosowy powoli rozpuszczamy w rondelku z cukrem lub rodzynkami.
2. Dodajemy mąkę migdałową, kardamon, sól, skórkę z cytryny, kakao i dokładnie mieszamy, zestawiamy z ognia.
3. Pokruszone w moździerzu orzechy pistacjowe wsypujemy do foremek o wybranym kształcie i zalewamy ostrożnie gorącą czekoladą.
4. Foremki odstawiamy do zastygnięcia.
5. Po mniej więcej godzinie ostrożnie wyjmujemy czekoladki, są gotowe do zjedzenia.

- Możemy dodać do smaku zmiksowanego banana, a czekoladki będą słodsze.

Masło orzechowo-daktylowe

Składniki:

- ok. 200 g masła orzechowego (eko, bez dodatków)
- kubek rozgniecionych orzechów laskowych (bez skórki)
- czubata łyżka oleju kokosowego (eko, pachnący kokosem)
- 18 suszonych daktyli (najlepiej wilgotnych)
- ½ szklanki mleka waniliowego
- 10 łyżek kakao 100%
- 2 szczypty różowej soli
- kilka kropli soku z pomarańczy lub limonki
- szczypta cynamonu

Przygotowanie:

1. Drylujemy daktyle, wrzucamy je do wysokiego pojemnika i zalewamy mlekiem.
2. Odstawiamy na mniej więcej godzinę.
3. Zgniecione w moździerzu orzechy bez skórki podprażamy chwilę na patelni.
4. Do wysokiego naczynia dodajemy sól, sok z pomarańczy lub limonki, kakao, olej kokosowy, masło orzechowe i cynamon.
5. Wszystko miksujemy blenderem.
6. Na koniec dodajemy podprażone orzechy i całość dokładnie mieszamy łyżką.

ZAMIENNIKI: kakao możemy zastąpić karobem lub w ogóle z niego zrezygnować.

- Daktyle są świetną bazą do zdrowych słodkości, można z nich zrobić słód, zalewając je wodą lub mlekiem, dodać pokrojone do ciasta lub postawić w misce jako słodką przekąskę.
- Najprostsze masło orzechowe uzyskamy, miksując dowolne orzechy na gładką masę. Masło świetnie smakuje zarówno w deserach, jak i w wytrawnych daniach oraz jako składnik sosu, nadający gęstą konsystencję.

KOLACJE

Zupa jarzynowa

Składniki:

- 2-3 średnie marchewki
- korzeń pietruszki
- kawałek selera – korzeń
- mały por (biała część)
- 2-3 łodygi selera naciowego
- 5-6 pieczarek
- ¼ bulwy kopru włoskiego
- 2 łyżki masła
- 3 ziarna ziela angielskiego
- 2-3 liście laurowe
- szczypta soli
- szczypta pieprzu
- kilka gałązek natki pietruszki lub koperku
- łyżka śmietany 18%

Przygotowanie:

1. Wszystkie warzywa myjemy, czyścimy i obieramy.
2. Kroimy je w równą, średnią kostkę.
3. W rondlu rozgrzewamy masło, dodajemy ziele angielskie i liście laurowe.
4. Dorzucamy pokrojone warzywa i smażymy kilka minut, co jakiś czas mieszając.
5. Zalewamy całość wodą (ok. 1,5 l) i gotujemy kilkanaście minut na wolnym ogniu.
6. Pod koniec dodajemy śmietanę.
7. Doprawiamy zupę do smaku solą i pieprzem.
8. Przed podaniem dorzucamy jeszcze sporą garść drobno posiekanej natki pietruszki lub koperku.

ZAMIENNIKI: masło możemy zamienić na oliwę; śmietanę możemy zamienić na roślinną lub nie zabielać.

- Żeby odrobinę podkręcić smak, możemy dodać kilka pokrojonych w plasterki pieczarek przesmażonych krótko z cebulą i czosnkiem lub łyżkę pasty pomidorowej.
- W sezonie letnim, kiedy mamy do wyboru najwięcej świeżych warzyw, do zupy możemy wykorzystać także różyczki brokułu, kalafiora i kawałki kolorowej fasolki szparagowej. Im więcej warzyw, tym lepiej!
- Ziele angielskie i liść laurowy delikatnie przesmażone oddadzą więcej aromatu.

Zapiekanka warzywna

Składniki:

- 4 ugotowane ziemniaki
- 6 pieczarek
- cukinia średniej wielkości
- kawałek żółtego sera, który dobrze się topi
- 1-2 jajka
- masło
- niepełna szklanka śmietanki 18%
- szczypta soli
- szczypta czarnego pieprzu
- kilka gałązek natki pietruszki, koperku lub szczypior

Przygotowanie:

1. Ziemniaki i cukinię kroimy na małe kawałki lub plastry, a pieczarki w cząstki.
2. Wszystko dokładnie mieszamy i przekładamy do formy delikatnie wysmarowanej masłem.
3. Jajka łączymy ze śmietanką.
4. Doprawiamy do smaku solą i pieprzem.
5. Zalewamy warzywa przygotowaną zawiesiną.
6. Posypujemy całość żółtym serem startym na grubych oczkach tarki i wstawiamy do piekarnika nagrzanego do temperatury 180 stopni.
7. Pieczemy kilkanaście minut, aż śmietanka się zetnie, a ser dobrze rozpuści, przykrywając warzywa.
8. Danie podajemy na gorąco, posypane drobno posiekaną natką pietruszki, szczypiorem lub koperkiem.

ZAMIENNIKI: ser możemy zastąpić wędzonym tofu; śmietanę – mieszanką oliwy i sosu sojowego Tamari lub śmietanką roślinną.

- Możemy dowolnie ze sobą łączyć warzywa, w zależności od tego, co mamy pod ręką: brokuły, kalafior, bakłażan, paprykę, marchewkę, seler, pietruszkę. Pamiętajmy jednak, żeby twardsze warzywa przed zapiekaniem zblanszować, czyli krótko obgotować w lekko osolonym wrzątku.

PURÉE WARZYWNE

Selerowe

Składniki:

- 2 duże selery
- ok. 1 l mleka 3,2%
- kawałek masła
- sól
- ew. czarny pieprz
- gałązka tymianku

Przygotowanie:

1. Selery obieramy i kroimy w mniejsze kawałki.
2. Wrzucamy do rondla, zalewamy wodą zmieszaną pół na pół z mlekiem.
3. Dodajemy szczyptę soli i tymianek.
4. Gotujemy do momentu, aż seler będzie miękki.
5. Odcedzamy i dodajemy masło.
6. Rozgniatamy na gładką masę (możemy użyć blendera).
7. Jeśli potrzeba, doprawiamy do smaku szczyptą soli i ewentualnie mielonym pieprzem.

Bataty z orzechami

Składniki:

- 3 jabłka, najlepiej ekologiczne
- 3 bataty
- 2 ząbki czosnku
- 100 ml naturalnego soku jabłkowego
- łyżka orzechów włoskich
- mała gałązka świeżego rozmarynu
- szczypta świeżo mielonego kolorowego pieprzu
- szczypta różowej soli
- kilka kropli soku z pomarańczy

Przygotowanie:

1. Jabłka i bataty dokładnie myjemy i kroimy w łódeczki.

2. Układamy w naczyniu żaroodpornym – na przemian kawałek jabłka, kawałek batata.

3. Polewamy sokiem jabłkowym, pokruszonymi orzechami, posypujemy pieprzem, świeżo wyciśniętym czosnkiem i odrobiną różowej soli.

4. Skrapiamy sokiem z pomarańczy i posypujemy igiełkami świeżego rozmarynu.

5. Całość zakrywamy folią aluminiową i wstawiamy do nagrzanego piekarnika (ok. 180 stopni) na 30 minut.

ZAMIENNIK: orzechy możemy zamienić na pestki dyni lub słonecznika.

- Pysznie smakuje z surówką z kiszonej kapusty, tartym jabłkiem, olejem lnianym i czarnym sezamem.
- Orzechy i pestki zawierają cenny tłuszcz, są sycące i nadają potrawom charakter.

month atures
s: Vv, Xx,
star (estrell
rs: seven (si (ocho)
white (blanco
Behavior: I lov (Me encanta.)

Fasolka szparagowa z sezamem

Składniki:

- 2 garście fasolki szparagowej
- łyżka masła klarowanego
- łyżka mieszanego sezamu (czarny i jasny)
- 2 łyżeczki siemienia lnianego
- szczypta soli (opcjonalnie)

Przygotowanie:

1. Fasolkę myjemy i odcinamy końcówki.
2. Gotujemy ją na parze lub w wodzie.
3. Podprażamy na suchej patelni sezam, siemię lniane i szczyptę soli.
4. Dodajemy masło i jeszcze chwilę podsmażamy.
5. Polewamy gotową fasolkę i serwujemy.

ZAMIENNIKI: masło możemy zamienić na olej lniany, sezamowy lub słonecznikowy – w tym wypadku podprażamy pestki, zdejmujemy patelnię z ognia i wtedy dodajemy olej.
• Fasolka jest źródłem białka roślinnego, a sezam dostarcza wapnia i dobrego tłuszczu.

Tagliatelle z warzyw

Składniki:

- kabaczek średniej wielkości
- cukinia średniej wielkości
- marchewka (może być kilka różnokolorowych)
- ⅓ pęczka zielonych szparagów
- listki bazylii, oregano, natki pietruszki lub kolendry, koperku
- pieczone orzechy laskowe
- 2 łyżki soku z cytryny
- 6 łyżek oliwy
- łyżeczka musztardy
- sól i świeżo mielony pieprz

Przygotowanie:

1. Warzywa myjemy i za pomocą obieraczki do warzyw tniemy w cienkie paski przypominające makaron *tagliatelle*.

2. Paski wrzucamy do wody z lodem na 15 minut.

3. Z oliwy, musztardy i soku z cytryny przygotowujemy winegret doprawiony solą i pieprzem.

4. Odsączamy warzywa w papierowym ręczniku, polewamy dressingiem, dodajemy listki świeżych ziół oraz pokruszone orzechy laskowe i serwujemy jako dodatek do ryby lub omletu.

5. Możemy także dodać ugotowaną ciecierzycę, cukinię lub buraka i serwować jako samodzielne danie.

ZAMIENNIKI: orzechy możemy zamienić na pestki słonecznika.
• Alternatywa dla sałaty i makaronu, kolorowa i chrupiąca.

Domowe frytki

Składniki:

- 5-6 ziemniaków
- 2 ząbki czosnku
- szczypta rozmarynu
- świeżo mielony pieprz
- łyżka oliwy z oliwek
- szczypta różowej soli

Przygotowanie:

1. Ziemniaki myjemy, obieramy i kroimy w niewielkie słupki.
2. Układamy w naczyniu żaroodpornym.
3. Skrapiamy oliwą z oliwek, doprawiamy świeżo zmielonym pieprzem, rozmarynem, poszatkowanym czosnkiem i szczyptą różowej soli.
4. Zakrywamy folią aluminiową.
5. Wstawiamy do rozgrzanego (180 stopni) piekarnika na 30-40 minut. Po tym czasie zdejmujemy folię i zostawiamy na 5-10 minut.
6. Upieczone frytki serwujemy z domowym keczupem.

- Takie frytki dobrze smakują właściwie bez dodatku soli, a dzieci uwielbiają jedzenie, które można wziąć w rękę. Idealne danie na kolację z mnóstwem zabawy.

Krem brokułowy

Składniki:

- pęczek włoszczyzny (w sezonie młodej)
- 2 średnie brokuły
- 2-3 średnie ziemniaki
- 3-4 szalotki lub biała cebula
- 3-4 ząbki czosnku
- ½ kostki masła
- ziele angielskie
- pieprz ziarnisty
- liść laurowy
- świeże zioła do wyboru: lubczyk, majeranek, oregano, bazylia, natka pietruszki
- sól i świeżo mielony pieprz

Przygotowanie:

1. Przygotowujemy wywar warzywny, jak do kremu z białych warzyw (s. 138-139).

2. Brokuły dzielimy na różyczki, myjemy ziemniaki, obieramy i kroimy w kostkę średniej wielkości.

3. Cebulę lub szalotki drobno siekamy.

4. Czosnek rozgniatamy i pozbawiamy łupiny, siekamy i rozcieramy brzegiem ostrza na pastę.

5. W garnku rozpuszczamy 2 łyżki masła i na średnim ogniu karmelizujemy cebulę, aż stanie się złocista.

6. Dodajemy czosnek, a gdy uwolni swój intensywny aromat, dokładamy ziemniaki, różyczki brokułu i zalewamy wszystko bulionem.

7. Wywar gotujemy bez przykrycia, aż warzywa będą miękkie.

8. Miksujemy zupę blenderem (możemy dodatkowo przetrzeć ją przez sito), doprawiamy solą i pieprzem oraz wybranymi świeżo siekanymi ziołami.

9. Podajemy posypaną czymś chrupiącym, np. uprażonymi pestkami dyni.

ZAMIENNIKI: masło możemy zastąpić oliwą lub olejem rzepakowym.
- Możemy dodać odrobinę dobrego twarogu koziego lub fety, zupa będzie gęstsza i sycąca, a dodatkowo zyska nową nutę smakową.

Pieczone warzywa

Składniki:

- 2 marchewki
- 3 korzenie pietruszki
- korzeń selera
- 3 cebule
- żółta papryka
- 3 łyżki oliwy extra virgin
- 2 ząbki czosnku
- 5 gałązek świeżego tymianku
- szczypta soli i pieprzu

Przygotowanie:

1. Rozgrzewamy piekarnik do 180 stopni.

2. Obieramy wszystkie warzywa oprócz cebul i papryki.

3. Seler kroimy w kostkę o boku 2 cm. Marchewki i pietruszkę przekrawamy wzdłuż na 4-6 części. Cebule dzielimy na pół, zostawiając łupiny, które zabezpieczą je przed spaleniem oraz spowodują, że staną się słodkie. Paprykę myjemy i pozostawiamy w całości.

4. Wrzucamy wszystkie warzywa do dużej miski. Dodajemy rozgniecione ząbki czosnku, gałązki tymianku, oliwę, sól i pieprz. Mieszamy dokładnie, żeby oliwa i przyprawy równomiernie pokryły warzywa.

5. Układamy warzywa na blaszce wyłożonej pergaminem i pieczemy 45-60 minut, aż zmiękną i staną się złotobrązowe. Po upieczeniu usuwamy czosnek i łupiny z cebuli.

SZKOŁA
NA WIDELCU

Szkoła na widelcu jest organizacją pozarządową, która powstała w 2012 r. Zgodnie z założeniami statutu działa na rzecz poprawy jakości odżywiania dzieci w szkołach i przedszkolach oraz ma na celu krzewienie świadomości w zakresie zdrowego odżywiania wśród dzieci, ich rodziców, nauczycieli i personelu kuchennego.
Do najważniejszych działań Fundacji należy udoskonalanie portalu, który dostarcza zarówno wiedzy teoretycznej, jak i praktycznej o żywieniu najmłodszych. Pragniemy stworzyć obszerną bazę scenariuszy zajęć, które umożliwią samodzielne przeprowadzenie zajęć edukacyjno-kulinarnych w lokalnym otoczeniu. W przyszłości mamy zamiar przekształcić portal w miejsce wymiany wiedzy i doświadczeń między szkołami, przedszkolami, nauczycielami, edukatorami – oraz wszystkimi, którzy są zainteresowani prowadzeniem zajęć edukacyjnych z dziećmi.

Ponadto:
· tworzymy i wdrażamy programy edukacyjno-kulinarne dla dzieci z różnych grup wiekowych – od przedszkolaków po maturzystów;
· organizujemy szkolenia z zakresu żywienia, skierowane do rodziców uczniów, dyrekcji, nauczycieli, kucharek i intendentek szkolnych;
· działamy na rzecz oparcia jadłospisów w stołówkach szkolnych (i przedszkolnych) o żywność dobrej jakości, produkty nieprzetworzone technologicznie, bez zawartości dodatków chemicznych, dostosowane do pory roku;
· działamy na rzecz zdrowej żywności w sklepikach szkolnych.

Szczególne podziękowania dla
Magdaleny Święciaszek, Joanny Jakubiuk, Miry Klepackiej i Filipa Kalinowskiego
za pomoc przy stworzeniu tej książki.